# 한결문학

독자와 함께 하는 문예지

**한결문학회**

늘 한결 같이

한결문학회

## 가을 길목에서 결실을 안고

정동진 한결문학회 회장

　조석으로 쌀쌀한 기운이 한편 한편의 결실을 찾아 고뇌하듯이 조금은 두툼한 옷을 찾게 하네요.

　예정보다 늦은 행보지만 지금이 가장 빠른 시작점이라는 변명 아닌 변명으로 스스로를 달래보며, 작년보다 훨씬 농익고 아름다운 문체의 옥고를 접하면서 감히 감사하다는 표현을 해 봅니다. 멋진 작품으로 동행하시는 회원님들께 깊은 감사를 드리며 독자들로부터 무한한 사랑을 받는 작품의 풍년을 맞이하시길 빌어 드립니다.

　문학은 시대의 숨결을 기록하고 독자의 마음을 어루만지는 가장 따뜻한 언어 잔치입니다. 그 따뜻한 언어의 불씨를 이어가려는 여러분의 열정이 맺은 아름다운 결실입니다.

빠르게 변하는 세상 속에서도 작품을 통해 사유하고, 공감하고, 인간의 본질을 탐구하는 여러분의 노력이 우리 사회의 문화적 품격을 높이고 문학의 생명력을 지켜가는 힘이 되리라 확신합니다.

앞으로도 다양한 목소리와 진심이 모이는 창조의 터전이 되어 독자들에게 감동과 사색을 선사하시길 기대합니다.

끝으로 여러분의 건강과 행복과 건필을 기원하며 **"한결문학"**의 무궁한 발전을 기원합니다.

늦가을 '일출' 배상

# Contents

**한결문학회**

늘 한결 같이

# 시 詩

# 김도희

- 잘 가소 1
- 잘 가소 2
- 하늬바람 따라 나선 길
- 곰배령에서 2
- 인제 자작나무 숲

2000년 한맥문학 시 등단, 한국문인협회 회원, 산림 문학 회원, 한결문학
회 회원.

# 잘 가소 1

김도희

세상사 힘들어도

이승이 좋다던데

그리 바삐 가는 건

저승이 더 나은 게요

한마디 말조차 어눌해진

갑갑증에 못내

생을 내려놓지나

않았는지

셋이나 되는 누이들

어찌 두고

홀연히 가셨소

섭섭 타 부엉이 눈을

끔벅여도 눈보라만

휘돌아 드는데

차디찬 님은 더 이상

굳은 심지 되돌아설 줄

모르는 게요

오늘만큼만 애 설어 할 테요

내일일랑 님의 뜻대로

잘 가소 차마 애달아

뒤돌아보지 마오

# 잘 가소 2

앞만 보고 가오
남은 이들이 발에 걸려
가던 길 못다 가고
이승 홀연히 맴돌지 말고
냉정하게 떠나셨으니
혹독한 겨울이
가슴뼈를 후벼 돌아도
머뭇머뭇거리다
꽃 천지 새 노래 따라가지
못할까 두렵소
오늘만 애달아
서럽게 목이 메도
님은 절대루
뒤돌아 보지 마오
남은 업보 일랑 다 걷어내고
좋은 곳으로
훠이 훠이 잘 가소

# 하늬바람 따라 나선 길

바람 한 귀퉁이 모닥불

피워두고

하늬바람 한 올이 옹이진

뒤 곁 소나무 등걸에

한가로이

그네를 뛰운다

사람 냄새 풍기며 살고 싶었다

아들딸 낳고

서방님과 살갑게

평범한 뒤란에 우물을 퍼 올려

아침을 짓고

푸진 바람몰이나 도란도란 이야기

꽃을 늦도록 화롯불에 피워두고

픈데 왜소한 등걸로 스쳐오는 바람은

늘 홀로되어 뜬눈인 채 밤을

지새우는구려

# 곰배령에서 2

완벽하지 않아도 좋다

탁 트인 시야 남들은

잰걸음 재촉해서

곰배령을 넘어왔는데

다리가 부실해서

자꾸만 넘어지려 한다

여유롭게

한가로운 시간을

즐기다 가자

자꾸만 조급증에

급한 비탈길에서

후유 숨을 돋운다

몸이 허하니

나이 든 탓일까

이젠 포기가 쉽다

누가 뭐라 해도 나만의

오기가 있었는데

그것도 다 부질없다

단풍이 아서라

메아리친다

곧 비가 올 듯 잔뜩

웅크린 날씨 반쯤 가다

내려오니 창밖에 비가

거친 숨을 몰아쉰다

다행이다 조금은 아쉬운

곰배령이 하늘비를 쏟아낸다

# 인제 자작나무숲

좀 더 일찍 올 걸 맥없이

시간을 늦추어왔더니

세시에 문을 닫는걸

몰랐네

터벅터벅 길을 걸어

들국화에

코를 대어보고

산 능선 휘돌아 드는

어둠을 응시하다

옛 정취에 흠뻑 젖어

난간을 헛디뎌 코밑에

선혈이 낭자해도

아삼삼한 자작나무숲

언저리 어디쯤 녹진한

여유를 더듬고 있네

따사로운 향기를

품고 싶은데

짧은 여정에

아쉬운 걸음이 잠시 휘청여

인제 내린천을 휘돌고 있네

한결문학회
늘 한결 같이

# 김수원

- 내 이름은
- 조물주
- 바람의 문명
- 막걸리가 익을 때면
- 따개비
- 메모하는 사람
- 아귀

작품집: 『바람의 순례』 『나는 아직 넘치지 않았다』 등 국제 펜 한국 본부 회원, 한국문인협회 복지위원, 불교 문예부회장, 계간 문예 이사, 계간 문예 서로 다독 부회장, 산림 문학 이사 겸 편집위원.

# 내 이름은

김수원

내 이름은 탁자입니다
비싸지는 않지만, 당신에게 팔지 않아요
나를 만든 건 끌과 대패지만
당신의 손은 대패보다 날카롭군요

나는 당신의 손이 날카로운 이유를 알아요
누가 당신의 손을 깎았을까?

그게 나라면 손보다 발을 먼저 깎겠어요
당신이 아무 데도 가지 못하도록
그게 나라면 발보다 눈을 먼저 깎겠어요
당신 눈에 내가 귀족처럼 보이도록

그리하여 내 이름은 귀족입니다
시간의 발작입니다

나는 당신을 찌르기 위해 시간을 깎았습니다

당신에게서 시간을 빼앗으려고

나의 초침을 깎았습니다


나의 시간이 사라진 곳에서

봄도 사라지고

햇살도 사라지고

당신도 사라졌습니다


그리하여 내 이름은 유령입니다

# 조물주

도자기 축제에서 물레를 돌렸다 물레는 돌아가는 본성으로 한쪽으로 돌았다 점토를 올려놓고 손을 대며 중심을 잡았다.

 물을 조금 붓고 두 손으로 매만지면 아기가 운다 아기는 피부를 갖는다. 점토에 물기가 돌고 젖 내음이 나고 까르르 웃는 아기

흙과 수분으로 태어나는 아기

점토가 말라가면 물을 주며 양쪽 엄지손가락으로 주둥이를 꾸욱 눌러준다. 아이의 중심이 생긴다.

이 아이로 어떤 세상을 만들까 접시를 만들까 밥그릇을 만들까. 화분을 만들어 보았다 화분에 심을 작약꽃을 상상하며 물레를 돌린다. 물레는 말없이 점토를 받아주었고 점토는 화분을 받아주었고 화분은 작약을 받아주었다.

힘을 조절하면서 온몸에 힘을 뺐다.

점토는 스스로 모양을 잡아가며 형체가 되었다 필요 없는 점토를 실로 잘라주니 화분이 남았다.

물레가 만든 세상에는 마른 것과 젖은 것의 차별이 없었다.

어떤 세상이든 자기 몸에 들어오는 세상을 내놓았다.

# 바람의 문명

냉장고가 반란을 일으켰다 내가 없는 사이에 냉장고가 죽어있었다 고깃덩어리가 늘어져 주방 바닥은 핏빛으로 흥건했고 비린내가 진동했다.

자유 아니면 죽음을 달라는 구호처럼 모터 소리가 요란하더니 결국 스스로를 어둠 속으로 몰아갔다.

냄새나는 스테이크 덩어리, 한물간 생선, 쉰내 나는 나물, 변색 된 두부가 총에 맞은 시신처럼 늘어져 있었다

A/S를 불러 냉장고 몸을 해부했다 가스를 빼고 심장을 갈아 끼웠다 상한 고깃덩어리와 음식들은 버려야 했다 쉴 없이 채워왔던 욕심을 치우는데, 종일이 걸렸다.

다시 피가 돌았다 냉장고에 신선한 식료품들을 저장했다 바람길을 통하게 두었고

냉장고 문을 열 때마다 내가 신선해지는 이유는 뭘까 어쩌면 죽은 음식과 살아있는 음식을 교체하면서 인류는 생존해 왔을 것이다

문명도 그와 같은 교체의 시간을 지나왔을 것이다. 그런 냉장고의 문을 앞으로도 끊임없이 여닫아야 할 것이다

# 막걸리가 익을 때면

막걸리가 익을 때면 꽃향기가 납니다. 어떤 사람은 복수초 피어나는 냄새가 난다고 하고 어떤 사람은 사과꽃 냄새가 진동한다고 합니다. 나는 상춧잎 따는 소리가 들립니다.

저녁마다 언니가 양조장으로 사라지면 상추밭에서 상추 따던 나는 몰래 언니를 쫓았습니다.

양조장에서 만날 언니의 애인을 상상하면서 긴 머리일까 짧은 머리일까 눈이 부리부리할까 희미한 양조장 불빛 아래서 술독에 기대어 언니는 연애편지도 읽고 노래도 불렀습니다.

언니 옆에서 퐁퐁 막걸리 익는 소리가 들렸습니다. 막걸리 익는 소리를 들으며 언니가 책을 읽으면 나는 언니의 애인을 상상하며 상추밭으로 돌아와 상춧잎을 땄습니다.

똑똑 상춧잎 따는 소리가 막걸리 익는 소리로 들리면 나는 양조장에서 애인을 기다리는 언니를 생각하고 그 애인에게서는 어떤 냄새가 날까? 복수초 냄새가 날까?

사과꽃 냄새가 날까 그러다 언니가 양조장에서 나오면 나는 상추밭에 얼굴을 파묻었습니다.

결국 언니의 애인은 보지 못했지만 해마다 막걸리가 익었습니다. 지금도 막걸리가 익을 때면 언니의 편지 읽는 소리와 양조장 밖에 앉아 내가 상추 따던 소리를 듣습니다.

# 따개비

아파트는 따개비 같다

한 바위에 여러 몸이 살고

벽과 벽 사이에서 귀로 붙어사는 따개비

작은 소음에도 온몸의 촉수가 일어서고

큰소리라도 울리면

속살이 움츠러드는 따개비

미역과 김이 엉켜있고

개들이 어슬렁거리는 해변에서

밀물과 썰물에 시달리며

물살의 빠른 유속을

단단한 껍질로만 느끼는 따개비

어제는 501호 노인이 고독사로 구급차에 실려 갔다

죽은 지 보름이 지났다고 수군거리는 소리를

벽에 귀를 대고 듣는 따개비

죽은 지 보름이 지났다면

속이 비었을 거라며

껍데기만 남았을 거라며

갯바위에 귀를 바짝 댄 채

하루가 저무는

아파트는 따개비다

# 메모하는 사람

달력에 메모가 빽빽했다
달력 한 장 뜯으면 약속들이 우수수 떨어졌다

낙엽처럼 그 약속을 밟고 여름에서 가을로
겨울에서 봄으로 건너갔다

메모와 메모를 징검다리처럼 건너뛰었다
나는 징검다리 없이 어느새 개울을 건널 수
 없는 사람이 되었다.
나는 더 촘촘하게 징검다리를 만들었다

약속을 더 잡고
메모를 더 하고
어느 날부터
메모가 내 시간을 끌고 다녔다

내가 대소사를 끌고 다녔다고 말하고 싶지만
메모가 나를 끌고 다녔다
메모가 있는 날은 기념일이 되었다.


메모가 달력을 벗어났다.
성벽처럼 달력을 넘은 메모들로 인해
메모가 달력을 벗어나기도 했다
벽은 기념일이 가득해졌다.
나는 기억하는 사람이 되었다.


기념일은 나를 벽에 가두었다.

# 아 귀

불은 속이 텅 빈 짐승인가 봐

아무리 먹어도 배가 차지 않는가 봐

아귀같이 입을 크게 벌리고

입속에 있는 불길을 마구 뿜어낸다.

속이 빈 짐승이어서 바람을 몰고 다니나 봐

바람 따라 불길이 산등성이로 오르고

산 하나를 집어삼키나 봐

먹어도 먹어도 허기가 지는 짐승이어서

바람까지 타고 다니는 짐승이어서

산을 말리나 봐 피를 말리나 봐

한 마을을 접수하고

다음 마을로 개선장군처럼 몰려가는

불은 집으로 산으로 사과나무로

속을 채우고 잠들었다가

깨어나서 산도 먹어 치우나 봐

커진 배가 터져서

도깨비불로 날아다니나 봐

산과 산을 타고

연기까지 들이마시고도 배고픔에 견딜 수 없어

자신까지 삼키다 스스로 재가 되려나 봐

그래서 불끼리 맞불을 놓으면

서로 휩싸이다 함께 소멸하나 봐

아귀처럼 속이 빈 짐승이어서

산 몇 개가 그 속에서 아직도 타고 있나 봐

한결문학회

늘 한결 같이

# 서나경

- 송편 빚는 날
- 숲에 들어서다
- 사계 1
- 숲으로 더 들어서다
- 가을이 오는 모습
- 맞이하는 숲
- 연인
- 생선 뼈 1
- 생선 뼈 2
- 단추 도자기
- 의연함
- 삶의 여정

책읽기독후감대회 심사위원(서울동작도서관. 2016~2018) '길위의 인문학' 시부문 강의(동작도서관, 2017), 한국문인협회 동작지부 회원 및 사무차장(2017), 한국문인협회 관악지부 회원 및 사무차장(2019), 한결문인협회 회원 및 사무국장역임.

# 송편 빚는 날

서나경

눈처럼 하얀 가루

뜨거운 물

살짝

조물락조물락

주물럭주물럭

동글동글

구멍을 만들고

깨달음

한 줌 넣고

조물조물

"예쁘게 만들었네"

"예쁜 딸 낳겠네"

웃음소리

　담장을 넘고


수다는 고샅길 돌아

이웃집 기웃기웃

……

# 숲에 들어서다

햇살이 나뭇잎 사이로
그네를 탈 때
가만가만
숲으로 들어서다.

햇살이 그득하게
낙엽 위에 내리고 있다.

나뭇가지 끝에
당당히 내밀고 있는 겨울눈이
'봄맞을 준비 끝'하며
반가운 손짓을 하고 있다

# 사 계 1

인생의 겨울
꽁꽁 언 마음


봄의 남풍이 녹여
꽃자리 찾다


신록의 싱싱함으로
찬란하게 타올라


가을의 선선함으로
청정함으로
평안하다

# 숲으로 더 들어서다

낙엽 위에
움직이는 것들이 보인다.

살금살금
어디서 나왔을까
나비들이
춤을 추고 있다
일제히 군무하고 있다

햇살을 피해 가만히 앉아서 보니
한두 마리
열 마리 스무 마리가 아니다.
수도 없는 나비들의
활무 이어지고 있었다

햇살이 나뭇가지 사이를 지날 때

열기를 식히기 위해
숲속 집에서 나와 성충으로
겨울나기에 들어선 나비들의
멋진 향연에 참석하다

진정한 숲의 향연을 보았다

숲을 나선다

# 가을이 오는 모습

나무 끝

잎사귀에

부끄럼 자국이 들어서고 있다


가지 끝에 대롱대롱

오색의 물감이

살포시 내려와 앉는다

우주의 모서리를 타고

햇살을 맞이하는

초록 이들은

그동안

간직하고 있던

제 빛깔을

서서히 내어 놓고 있다.


몸속에 숨겨놓은

알록이 달록이

저마다의 자태로

가을을 만들고 있다


가을이

풍성해진다


온 땅이 찬란하게 빛난다

# 맞이하는 숲

싱그러움 머금고
초록이 가득한 숲에 서다.


쉬잇
한순간
모든 소리가 멈추다


손님을 맞을 준비에 맞춘 듯
잠시 지나
위대한 오케스트라가 울린다


서로의 화음에 화답하듯이 사이사이
빠짐없이 환영하는 소리
잔잔한 음악이 되어
오솔길의 안내자가 되고
나뭇잎 위의 흔들림이 되어

바람결처럼
꿈결처럼 포근하게 맞이한다.


강물처럼 스스럼없이
맞이해주고
환영해 주고
안아주고


감싸주고
덮어주고
위로해 주는 숲에 들어서다.


숲에서는
모든 것이 쉬임이 되고
용서가 되고
허용되고
그저
있어 주는 그 자체로 위로가된다
숲에 들어서면

# 연 인

시간은
멈출 줄 모르고 흘러갑니다

함께 잔잔한 시내
출렁이는 바다도 같이하고픈데
함께 하는 시간은
쏜살같이 스쳐 지나가는
폭포수 같습니다

눈을 들어 보면
벌써 저만치 달리고 있습니다

세월이 유수와 같다지만
함께 할 수 없는 시간들은
기우제를 지내며
하늘 조각구름을 기다리는

조바심입니다

헤어지는 순간

돌아서면

그리움입니다

# 생선뼈 1

드넓은 곳 마음껏 누비다가
어느 어부 그물에 걸려
다 내어주고 가시로 남은 너
자식에게 모든 것 내어준
어머니 모습 닮았네

# 생선뼈 2

숲
어귀
풍광 좋은 곳

스산한 바람 속
짓다 만 건물 잔해

다 먹고 난
생선뼈 같아라

# 단추 도자기

어디다 달까?
바람에 끗덕 못하게
내 마음에 달아야지

새어나가는
내 마음 눈치채지 못하게
세월을 실 삼아
꽁꽁 싸매서

## 의연함

노란 옷으로 단장한 모습

맞은 지

엊그제


오늘 너를 보니

지붕 위

지표에

노란 옷 화르르

털어놓고

북풍 앞에서도

당당하구나


봄 맞을 채빌 하는지

미동도 하지 않은 채

지나가는 바람에게도 무심한 듯

의연히

서 있구나

# 삶의 여정

산이 되고

강이 되고

숲이 되고

나무가 되고

바위가 되고

돌이 되고

모래알이 되고

먼지가 되고

강물 되고

쪽빛 바다가 되었네


내 생애 어느 시접 펼쳐 보면

옥빛 물이 쏟아지려나

소목 물빛 흐르려나

무념무상의 하늘빛으로 시리려나

# 손민준

- 집이 운다
- 나이 몸살
- 봉선사의 여름
- 사소한 연애 이야기
- 고통이 깨어날 때마다
- 갱년기

문학고을 시 등단, 한국공무원문학 수필등단, 아동청소년 문학 동시 등단, 수필집 『너의 삶이 행복했으면 좋겠어』, 시집 『버스정류장에서 비행기를 타다』 외 다수, 디카시집 『여행詩선』 남양주시 디카詩 신인문학상 공모전 우수상, 제2회 청정영광디카시 공모전 장려상, 『인천광역시선거관리위원회』 제13회 유권자의 날 기념 디카시 공모전 장려상 외 다수.

# 집이 운다

손민준

홀로 아픔을 견디게 해서 미안합니다
홀로 눈물을 흘리게 해서 죄송합니다
당신의 고통을 아는 척했지만,
사실은 몰랐습니다
그렇게 당신을 고통스럽게 한
경두부암의 부스러기조차 알지 못했습니다
당신의 불안을 막을 수도 없고
공포도 멈추게 할 수도 없어
당신과 나의 거리를 울음으로 동여맵니다
흉흉한 냄새와 퉁퉁 부어오른 손을
적시며 흐르는


빛 고운 숨결의 짧은 속삭임도 몰랐습니다
고통으로 신음하는 당신의 등을 감싸고
늦게 사랑이 무엇인지 아는 나이가 되었습니다

생의 끝을 잡고 눈물을 토해내던 당신을

내 마음속에서 떠나보내야 합니다

당신을 보내며

어찌 눈물이 부족하겠습니까 만은

하늘 끝 맴돌다 온 바람 소리에

돌아올 수 없는 집을 떠나는

당신의 손을 놓으며 울지 않겠습니다

엄마! 안녕

# 나이 몸살

피 끓는 청춘 식어
찬 기운 맴돌고 오한에 전등 밝혀도
사시나무처럼 떨린다

칠흑의 마음
고뇌를 지고 쌓여만 가는 나이
설움에 몸살 꽃 피웠다

세상의 어떤 설움이든 껴안고
밤새워 울어 본 사람은 안다

설움이 얼마나 무거운 것인가를
눈물로 덜어내지 않으면
제 몸 하나도 추스를 수 없다는 것을

청춘은 석양처럼 지고

삶의 애환은 기력이 쇠진해

마음 시리다


감기 고열에 밤새 뜬눈으로 지키던

삶의 온기 엄마 품 그립다

# 봉선사의 여름

연꽃이 피면
두루미가 연잎을 쓰고
햇볕을 피한다

사람은 연꽃 구경 왔다가
연꽃이 되어 활짝 피어난다

연꽃도 사람을 보고
사람처럼 활짝 피어난다

연꽃을 스치는 바람은
탐욕의 바람이 아니다

연꽃에 머물다 가는
바람은 참회의 바람

연꽃 위에 머문 저 구름은

연꽃 아래 저 진흙탕은


앞을 못 보고 듣지 못해도

연꽃으로 피어난다.

# 사소한 연애 이야기

　그녀를 만나기로 한 곳에 내가 먼저 도착해 기다리는 동
안 문을 열고 들어오는 모든 사람의 발소리가 내 가슴을
두드렸다.

　봄이 오는 소리 하나까지도 다 내게 오는 2월의 끝 무렵
에 기다려 본 적이 있는 사람은 안다. 약속된 장소에서 누
군가를 기다리는 일처럼 가슴 설레는 일도 없다는 것을.

　친구 동생은 눈이 예쁜 아가씨라며 쪽지를 주었다. 통화
를 하며 만나자는 나의 대시에 그녀는 예쁜 웃음으로 대답
했다.

　설렘 안고 달려간 뷔엔나 찻집에서 냉수를 두 잔 마시며
'쓸데없는 짓을 했나!' 싶은 날에 쌀쌀맞은 바람이 나를 위
로했다.

　나 대신 오기란 놈이 두 번째 약속을 걸고 뷔엔나 찻집
에서 출구를 보고 앉았다. 문이 열린다는 것은 세상 안에
서 더불어 출렁거리는 일.

　누군가 손으로 딸랑 소리를 내었고 미니스커트를 입고
나에게 걸어오다 지나쳐 다른 남자 품에 안겼다. 문을 열
고 들어오는 모든 여자가 그녀였다가 그녀 이길, 바라다가

문이 닫혔다.

그녀를 두 시간 넘게 기다린 나에게 종업원은 물 대신 비웃음을 가득 따라주었다. 나타나지 않는 그녀를 기다리는 나의 어색한 시선에 까만 안경을 씌우고 싶었다.

망설이다 세 번째 데이트 신청하고 얼굴도 모르는 여자와 자존심 싸움을 한다는 것이 자존심 상했지만, 오늘이 지나면 그녀는 영영 내게 오지 않는다,

누군가 예쁜 문을 밀고 두리번거렸을 때 직감적으로 그녀가 왔음을 알아챘다. 내 눈은 방금 첫 꽃송이를 터트린 것 같았고 아무리 험한 세상 거센 비바람이 불어도 그녀와 함께라면 역경도 이겨낼 수 있을 것 같았다.

혼자서는 완성되지 않는 사랑. 노래하며 다정히 손잡을 수 있을 것 같은 스물한 살의 처녀가 시처럼 내게 왔다. 그날 밤 처음 세상에 온 별 하나가 내 심장에 아내를 데려다 주었다.

# 고통이 깨어날 때마다

엄마가 스스로
생을 놓으시려는 듯
자식의 수고를 덜어내시려는 듯
이와 눈을 악물고 속을 비우신다

엄마의 실오라기 같은 생이
쇠 심줄보다 더 질긴
고통의 시간 위에 부푼다

병상에서 바라보는 가족사진이
두런두런 깨어나
소복이 모여 엄마를 쳐다보면

마음이 평화로워지고
눈빛이 밝아져 숨 쉴 수 있고
행복하도록 마음을 토닥인다

엄마가 고통의 눈물을 참으며

지금은 자식을 위해

하늘을 보고 기도한다.

# 갱년기

오늘도 행복을 생각하기보다
불행을 먼저 생각할까 봐 두렵다


컴퓨터는 언제나
나의 투정과 불만을 조용히 받아준다


매끄러운 시를 쓰는 것도 아니고
일상을 끄적이는데도
빈칸을 채우며 받아 적는다


글 쓰는 것도 싫으면
집 안팎을 왔다 갔다 하며 봄에는 전지를
가을에는 낙엽 청소를 한다


갱년기를 이길 방법이 없고
특별한 취미 없이 이러고 산다

이제는 비가 와도 마음이 젖지 않고

인생이 깊어지면 순간순간 머물 곳을 찾는다


세상이 나를 내칠 때마다

세상을 버리지 않고 살다 보면


이 삶의 언저리에

아무도 모르게 번져 오는 눈물이 있다

한결문학회
늘 한결 같이

# 손옥경

- 가을 밤
- 가을 풍경
- 단상
- 들꽃
- 또 다른 동반자
- 정월 대보름
- 풍경
- 백만송이 장미원에서
- 만남과 이별
- 어머니
- 추정
- 할미꽃 2

한국문인협회/한국 공간 시인협회/관악문인협회 이사/동작문인협회 운영이사/ 서울시청 글 사랑회/징검다리 문학 회원/한결문학회원/한국공무원문학회 부회장.

# 가을밤

덕천 손 옥경

부를 수 있는
그대 가을이란 사랑
풀꽃 속에 영롱한
숨어 우는 바람 소리
또르르 구르는 음성
마법의 손길을 느낀다.
별빛이 녹아든
야심한 밤야
초롱초롱 떠오른
그림 같은 눈썹의 초승달
산그늘을 품은
시월의 유혹
코끝 시린 그림자
가슴까지 시려오는 외로움
그대의 손길을 본다.
심연 깊은 가을의 만남이여
부를 수 있는 이름이여.

# 가을 풍경

가을이 성큼

소리소문없이

코스모스의 가녀린

자태 따라

넘실대는 들녘들

유난하게도 길고 길었던

무더위의 여름도

역사의 뒤안길에 서 있어

따라 나온

오산천의 시냇물 소리는

오늘따라 청명한 하늘처럼

정겹게 찰랑이며 들려오고

가야만 하는 인생길을

배웅하는 결실의 시월.

갈색빛 머플러의 가을이란 여인이

동행同行이 되어 오네요.

# 단 상

인덕원 지하철역

가슴이 텅 빈 터널 속

신년 인사가 무색하다

주변인들 설왕설래

아픈 이 슬픈 이 노년으로

나이가 칠순인데

어버이라는 이름들

왜 이리 아플까

가장 어렵다는 치매

인덕원역에서 한 잔술

세월이 넘노난다.

지난 시절 천사의 섬에

분홍빛 너울로

찬란히 부서지는 파도 소리

비파랑 길 걸으면서

다가온 도심 속의 지하철 안

경로우대석/장애인석/임산부의 좌석이

나란히 수평선을 소리 없이

숨어 우는 바람이 된다

헛바람 소리가 긴 겨울밤을 흔들어 온다.

# 들 꽃

들녘 가득히

하얀 꽃 소녀들이

수줍게 나래비를 서서

봄바람에 흔들리며

수수한 자태를 보여와

그리운 그 시절 신작로

끝없이 펼쳐진 평화의 들판

성숙한 꽃물결

천진스러운 그녀의 해맑은 미소

들풀들의 수런거림

오늘도 반기는 출근길

들풀들의 속삭임

그리움의 연정으로 끝이 아닌 시작

추억의 뒤안길 걸어가고 있는 중년의 그대.

# 또 다른 동반자

세탁기에서 세상 돌아들어

옥상 빨래 건조대에서

일광욕을 즐긴다.

하늘과 태양과 무언의 대화를 한다.

시원스레 마른 황태가 되어

하강 바구니에 담아

뉴스라는 티브이 앞에서

나의 손놀림은

신혼이 아닌 만혼의 손가락

드디어 짝짓기한다.

한참을 찾아서 구시렁댄다.

아예 같은 것으로

이참에 바꿔 볼까?

먼저 고생한 왼쪽 엄지발가락은

다 달아서 구멍이 생겼다.

넌 고생 하였으니 쉬거라.

눈물을 머금고 하늘나라로 보낸다.

아침 출근길에 멋진 한 쌍을

골라서 두 발에 입혀서

동행하는 나의 일부

발 보호하는 내 인생 최고의 친구인 것을.

# 정월 대보름

아홉까지 나물에다 찰진 오곡밥

풍요로운 생산 기원 축원의 마을 축제

부스럼 잡귀 물리치는 부럼 깨기

달집 태우며 추억의 깡통 돌리는 쥐불놀이

귀 밝기 술을 마시며 둥근달 가득

한 해의 소원을 빌어본다.

당신의 반달과 나의 반달이 합일하여

정월하고도 대보름달이 되었네

지신地神밟기로 못된 잡귀 물러가고

동구 밖 달집 훨훨 타오를 때

친구들아, 동무들아, 내 더위 사가 거라 하던

세월 넘어 내 고향 언덕 가

꽹과리 소리. 징 소리. 장구 소리 어우러진

 풍물놀이

경쾌한 소리 들이 시공時空을 넘어 들려오고

있구나.

# 풍 경

점심 식사 후
산책길에 만난
자연의 선물들
눈부신 날의 오후
하늘에 떠 있는 태양도
재촉하는 발길을 막지 못했다.
등허리와 이마엔
땀방울이 밤꽃으로
피어나 고향의 향수를 부르고
익어오는 보리수 열매와
하얀 들꽃들이 수런거리는 실개천에
잿빛 두루미와
우아한 하얀 두루미의
유연한 날개 퍼덕이고
오월의 봄날은
푸르름의 신록으로
화평으로
채색되어가고 있구나.

# 백만 송이 장미원에서


부천 도당 근린공원

양지바른 언덕 분지

백만 송이 장미꽃들이 상춘객들을 반긴다.

붉은 용암 넘쳐흐른 정열의 리바클루트

보라색 40개 꽃잎의 강한 향기의 블루문이란

독일산 꽃이 배시시 웃고

일본산 꽃이 두루미 머리모양 하얀색 꽃.

학으로 불리는 탄초란 장미꽃.

쇼킹블루의 독일산 향의 겹꽃 덩굴장미가

가녀린 손을 흔들며 반기네.

그에 뒤질세라 시에스타의 프랑스산

핑크빛 꽃잎을 바람에 향기를 날리고

꽃 한 송이에 꽃잎이 300장 겹꽃이 이뻐

웨딩 부케로 사용되는 북반구의 나나 크로스

노오란 꽃잎의 독일산 란도라와

가장 아름다운 영국산의 노오란 장미의 샬롯

가시가 없는 것이 특징인 분홍색의 영국산

크리스티나

흰색 장미꽃의 영국산의 마가렛

연노오랑 꽃잎의 프랑스산 골든보더와.

빨간 장미는 열렬한 사랑과 정열

하얀 장미는 존경과 순결

노란 장미는 질투와 은밀한 사랑

분홍 장미는 맹세와 행복한 사랑

그리고 검은 장미는 당신은 영원히 나의 것

이란 장미의 꽃말과 더불어서

오월의 백만 송이 화사한

장미꽃들 흠뻑 취한 정오의 하루.

# 만남과 이별

떨어지는 빗방울 울음소리가

환청으로 들려온다.

다 헛되고 헛되도다.

한 줌의 이슬로

나 또한 떠나가리니

가는 길이 무척이나

쓸쓸하고 외롭다고 해도

낮엔 태양이 밤에는 달님이

그리고 별빛이 동무하면 그만이지

다 내려놓고서

탁 배기 한잔에 목을 축이고 가자.

먼저 떠난 한 영혼 추억으로 남기고

이슬 머금은 고독의 그리움을 삼킨다.

결국은 한 줌에 재이며 연기인 것을!!

저 회향 빛 유골함 평안의 단지 안에서 천국

을 보았으라.

잘 가거라 아우야 회한悔恨의 4년이 흘렀더라.

고통 없는 그곳에서 영면永眠하거라.

# 어머니

동구 밖 언덕길에 서서

산 구릉이 신작로 사이로

그림자 자취가 사라질 때까지

하염없이 서 있어

돌부처가 된 내 어머니.

눈가에 흐른 인고忍苦의 주름살이

어느덧 고향 향한

그리움으로

환청이 들려올 때면

차라리 고향 친구 붙들고서

꺼이꺼이 속울음으로

목울대 아프도록 사무친

고향의 흙냄새

당신이 차지한 한 두 평 남짓한

양지바른 그곳엔

또 다른 시간이 평안을 재촉하고 있네요.

# 추 정秋情

봄꽃보다 더 어여쁜 가을꽃 그대
그리움을 불러낸 고향길 신작로 오솔길은
늘 가슴이 콩닥콩닥 뛰었었지
쪽빛 하늘 가득 유영하는 빨간 고추잠자리
가녀린 그녀의 눈가에 스민 꽃잎들의 설렘
은빛 가을날 불러오는 코스모스의 추억들이여.

# 할미꽃 2

세월 꽃이

수줍게 피었네

무엇이 부끄러워

고개를 숙이고

인고忍苦의 세월 보듬어 내어

흩날리는 봄꽃 잎들

봄바람 사이로

연정의 머플러가

세월을 녹이고

이름 모를 봉분가

할미꽃이 손 내밀어

고향 할머니와 손녀 손잡고

천진스레

망부석 되어 한없이 서 있네.

# 손화숙

- 은행나무 길
- 높은 하늘
- 저승길 가는 길
- 강우규 의사
- 찰나의 순간
- 늦잠
- 성모 어머니
- 늦가을
- 큰어머니
- 늙은 호박
- 억새 풀
- 관악산 연주대

관악문인협회 회원 한국문인협회 회원 문예춘추 문인협회이사, 한결 문학회 사무국장, 시집 : <사랑은 향기가 되어> <한결 문학> 등.

# 은행나무 길

손화숙

노랗게 수를 놓은 비단길을 걸으며
추억을 돌아보며 사색의 시간 갖고


가을이 가기 전에 책장 속에 숨긴다
지나간 어느 날을 추억하고 싶어서


황금 길을 벗어나기 싫어서 오가며
함께할 친구 있음 얼마나 좋았을까


사뿐사뿐 발걸음을 조심스레 옮기며
수없이 많은 얼굴 스치듯이 지나가


옷을 벗어 앙상해진 너를 보면서
초라해져 가는 나 자신을 보는듯하다.

# 높은 하늘

구름 속을 달리는 달님을 보노라니
이 새벽 옥상에서 흙과의 씨름하며
밤새껏 달려와서 내 머리 위에 가는
저 달님을 보면서 희망도 가져본다

새벽하늘 드문드문 초롱초롱 별님들
부지런한 사람들 응원하고 있는 듯
이 새벽을 움직이는 사람들이 이렇듯
많다는 것을 새삼 또 느끼면서 오늘은
옥상에서 미루었던 일을 해보는 중

하늘의 달님도 달 무지개 펼치고서
이 새벽을 밝히며 서쪽 하늘 달리니
주어진 내일들을 멋스럽게 만지며
초긍정의 마음으로 땀방울을 흘린다.

# 저승길 가는 길

언제나 가까이에 있을 것 같았는데
하나둘 내 곁을 떠나가는 어르신들

차라리 모르고 살아가는 남이었음
이렇듯이 마음이 아프지는 않을까

한번은 가야 하는 그 길을
피하지는 못하는 것을 알면서도 애가 타

오지 못할 그 먼 길을 가는 어르신 미사에
독서를 하기 위해 성당으로 향하면서

함께였던 지난날이 그림같이 펼쳐진다.
함께 웃고 즐겁게 동고동락했던 시간

가시는 그곳이 아름다운 꽃길이시길
두 손을 합장하여 기도를 올려본다.

# 강우규 의사

도포 자락 휘날리며 미래에 시선 두고
맨주먹 불끈 쥐고 오른손에 수류탄을
고무신을 신고서 단두대 위에 서서
조국의 독립을 노래하며 외칩니다.

단두대 위에 올라서니
봄바람이 감도는구나
몸은 있으나 나라가 없으니
어찌 감회가 없으리오

우리들의 평화로운 일상에 감사하며
나라 위해 목숨 바친 선열들의 정신을
현재에 우리들의 안락한 생활들이
그분들의 나라를 지켜냈던 힘이다

어찌 잊으리까 잊지 말자 그분들의 혼신을.

# 찰나의 순간

하마터면 죽을 뻔한 짧았던 시간 속
가슴이 철커덩 내리치는 아픔이다

큰 사고로 이어질 그 자리를 벗어나
행운은 아무나 갖는 것이 아닌듯해

그분을 향하여서 감사가 절로 나와
깨어 사는 삶이 되게 의탁해 아뢴다

상대를 생각하지 못하는 그 순간이
사고를 내고 마는 찰나가 되는 것을

이승과 저승이 교차하는 순간이다.

# 늦 잠

한강 다리 건너는 저편에 떠올라온
둥근 해보면은 너무도 늦은 출근

마음은 버스에서 지하철 안에서
달리고 싶은 심정 어찌해야 한담

다섯 시 벨 소리에 일어나야 했는데
조금만 더 잔다고 또다시 잠에 빠지고

차에서 내리기가 무섭게 내 달리지만
단숨에 계단을 뛰어올라 달려보지만

최선을 다해서 뛰어도 안 되는걸
이 시간 가서는 지각인데 어이할꼬.

# 성모 어머니


누구의 예쁜 맘보는 듯 다소곳이

파란 잔디 성모님 발아래 꽃다발


보기만도 좋은데 저 사랑 두고 간이

그분을 닮아서 아주 예쁜 천사일 듯


오가면서 많은 이가 그 마음 닮기를

자애로운 어머니의 어여쁜 손을 보면서


나도 따라 두 손 합장하며

바라는 것들 기도로서 구하네.

# 늦가을

파랗던 나뭇잎 곱디곱게 옷 입고
아롱이다롱이 자태를 뽐내더니

어느 사이 훌 훌훌 옷 벗고 서 있네
쓸쓸한 이 계절 서글퍼 시린 마음

그리운 사람 함께라면 좋을 것 같은데
내 님은 어디에서 꿈꾸고 있는 걸까

세월이 빨리도 가는 것이 아쉬워
그립고 보고픈 맘 님 향해 달려보네.

# 큰어머니

지난밤 꿈속에 다정스레 손 흔들더니
일찍이도 부고가 날아들어 아프다

언제 갈지 모르는 나그넷길 힘겹게
살아오신 지난날 버려두고 가셨네.

마음으로 현실감 느껴지지 않는 듯
멍하니 멍때리는 시간이 길어졌다

만나면 잘해준 것 없다며 미안해하시더니
그렇게도 다정히 손 흔들지 말지

긴 쪽 찐 머리 자르고 싶어 하셨는데
미용실 모셔서 잘라 드렸어야 했는데

눈앞에 계시는 듯 훤하게 보이는 아픔이다.

# 늙은 호박

담장 위에 올라앉은 커다란 누렁이
눈앞에 선하게 그려지는 어린 날들

성당에 다녀오며 슈퍼 앞에 앉은 너를
일만 냥에 무겁게 끌어안고 귀가다

어느 곳에 자라서 이곳까지 왔을까?
생각의 꼬리 물어 나래를 펼쳐본다

반 틈은 김장김치 만들 때 넣어보고
나머지는 범벅 죽 쑤어서 먹어볼까?

어릴 때 어머니의 손맛이 나에게도
맛 나는 죽을 쑤어 나눔의 잔치 열어볼까.

# 억새 풀

바람에 몸을 실어 흔들리는 저속에
하얀 옷 갈아입고 나도 들어가 볼까
훨훨훨 옷을 벗어 당신 품에 안길까

푸르른 하늘 보고 흰머리 꽃피우고
까마득한 저 길을 지금 내 현실일까?
속이 타는 이 가슴 어디서 가져올까?

찬 바람 불어오는 산자락 지키며
오늘은 오실까 사랑하는 나의 님
치마끈 풀어놓고 거친 숨을 바란다.

# 관악산 연주대

높은 산자락 하늘을 향하고

바람의 속삭임을 들으며 앉은자리

연주대의 이름같이 자연의 교향곡이 들린다


푸른 숲이 감싸 안은 고요한 쉼터

맑은 공기와 함께 마음도 맑아지고

저 멀리 펼쳐진 서울의 풍경이 한눈에 들어온다


계절마다 다른 옷으로 갈아입으며

봄의 연둣빛 여름은 푸르른 이파리들

가을은 울긋불긋 단풍 겨울은 새하얀 눈꽃


이곳에서 느끼는 평화로운 여유

자연과 하나 되어 숨 쉬는 순간

연주대는 우리의 마음을 노래 부른다.

# 이 승

- **노부부 사랑**
- **사랑을 남기고**
- **구름 나그네**
- **폭우**
- **자수**
- **아내**
- **나물 캐는 날**
- **인생 3막**
- **고향**
- **수제비**
- **삶**
- **숫자 여섯 개**

한비문학 신인상 등단(2012), 한비문인협회 회원, 관악문인협회 이사, 한결문학시분과위원장, 시인과 사색동인, 한결문학상, 수원 인문학 글판 시 당선, 한국불교법사 총동문회 사무총장, 전주이씨 경기지원 편집국장, 한비문학 전 서울지회장.

# 노부부 사랑

이 승

주름지고
흰머리면
어떻소

밥은 타고
국이 짜도
맛있소

떨어지면
그립고
돌아오면
사랑스럽소

분 바르고
입술 칠하면
누가 데려갈까 봐
안 해도
예쁘다고 했소

# 사랑을 남기고

구름은 흘러가며 세월을 남기고
소월은 진달래꽃을 남기고
이별의 슬픔에 가슴 절절했다
해환은 별 헤는 밤을 남기고
보고 싶은 어머니를 그리워하며 울었다

떠나가신 임의 흔적을 보고 만져볼 때
애절한 마음이 가슴속에 고이며 눈물이 난다

꽃은 죽어서 씨를
화가는 그림을
음악가는 노래를
시인은 시를 남기지만

어머니는
젖을 물려 키우고 허리가 굽도록 일해서
자식들 굶기지 않도록 고생하시며
사랑을 남기고

# 구름 나그네

정처 없이 흘러가는 구름아
어찌 뒤를 돌아보지 않느냐

지나온 그 길은
아픔과 이별 그리고 그리움이 있었지
밤새 만든 이슬이 풀잎에 떨어지듯
가슴에 맺힌 아픔을 어찌 모르겠느냐

새벽이면 일어나 길을 떠나고
늦은 밤에야 집에 돌아오는 세월이 너무
길구나

너는 소낙비를 쏟으며 펑펑 울고 나면
속이라도 시원하지
너처럼 울기라도 하면 좋으련만
그런 여유도 없구나

봇짐 풀고 흘러가는
구름 나그네가 되고 싶다

# 폭 우

웬만한 장마철에도
소나기가 오지 않는 가뭄 골에
세상이 뒤집혔나 폭우에 강풍이 분다
하늘 터지는 소리에
낮잠 자던 할 범 방문을 걷어차고
속바지 차림으로 나왔다

아따, 별일일세
가뭄 골에 폭우가 다 내리구 오래 살구 볼일이여
워매, 이거이 뭔 일이랴

마누라 -
얼릉 나와 보이 쇼이 뭐하고 있댜 난리가 났는디
얼마나 호통을 쳐댔는지
할멈이 고쟁이 바람으로 뎌 나왔다

마당엔 골이 파여 도랑 생기고

빨래는 나뭇가지에 걸쳐있고

오강 댕이는 굴러다니고

송아지는 놀래 뛰고

감나무는 부러졌다


할멈은 속옷 걷느라 정신없고

할범은 송아지 고삐 잡고 갈팡질팡이다


보소, 시방 속옷이 중하요

그람, 뭣이 중하다요


옥신각신 속에 폭우는 잠잠해지고

속살이 다 비친 노부부

안방으로 들어가더니 문고리 걸어 잠궜다

# 자 수

소쩍새

슬피 우는 밤

온다던

임은 소식이 없고

가슴속

그리움을

한 땀 한 땀 심을 적에

손에

찔린 바늘이

눈물 흘리며

붉은 꽃을 수놓네

# 아 내

가슴에 못이라도 박혀있나 보다
기러기 날며 하늘을 찢는 가을볕 날
땡볕에 벗은 채로 누운 붉은 고추가
내 눈을 찌르며 우는구나

## 나물 캐는 날

꽃바람 살랑 봄바람 살랑
뒷산 언덕에 동네 아낙네들 모였다

나물 캐러 왔는지 수다 캐러 왔는지
시누이 흉보랴 시끄럽다

그쪽은 아직 까정 금실이 좋다던데
뭔, 비결이 있는감

뭔, 비결이 있데유
그냥, 밥 해주구
오줌 빨 쌔라구 봄가을로 보약 한 첩씩
먹인 거 외엔 없구만요

워매, 고런 것이 있어야

동네 여편네들 하루 종일 시끄럽다
나물도 시끄러운지 숨어버렸다
신랑 오기 전 겨우
냉이 한 줌씩 손에 들고 집으로 돌아갔다 들

# 인생 3막

1막
신혼이었다
아침상에 이것저것
반찬을 많이 차리고
깨웠다

2막
중년이었다
아침상에 김치와 찌개를
상보로 덮어놓고
어디 갔다.

3막
노년이 되었다.
찬밥 있으니 라면에 말아 드소. 라는
쪽지를 남기고
나갔다

# 고 향


보고픈 고향을 지팡이로 돌아보니

수호신 당산나무 보이지 않고

구름은 흐르고 바람은 그대론데

집터는 어디 가고 벗들은 어디 갔나


고향의 밤하늘 달이 반기는가

외로운 술잔에 내려앉아 들어있네

오늘 밤 벗이 되어 외로움을 달래려나

잔이 차면 달이 뜨고 잔이 비면 달이 지네

# 수제비


반죽에서

뜯어진 살점들

설움 국물에 떨어지고


가슴으로

끓여낸 응어리는

새끼들 입으로 들어가는데


텅 빈 냄비를

어머니는

바라보고 계셨다

# 삶

아픔 없는

삶이

어디 있겠습니까

하늘도

울다가 웃다가

하지 않습니까

# 숫자 여섯 개

숫자 여섯 개가 맞으면 팔자를 바꿀지 몰라
지갑 속에서 육 일을 숙성시키며 기다리지
누구는 조상 꿈 돼지꿈을 꾸고 산다는데
나타나지도 않는 조상을 기다릴 수 없어
그냥 샀지
꿈을 꾸고 사나 사놓고 꾸나 같은 이치 아니던가


금요일
보소, 혹시 큰돈이 생긴다면 뭐 갖고 싶소


임플란트나 하면 좋지


한, 오백만 원 든다는데


알겠소

토요일

로또 한 장에 숫자 삼십 개 적혀있는데 두 개

맞았다

운 없는 날 본전도 못 건졌다


그리고 안 들었으면 모를까 들었으니

뻥 치다가 쌈짓돈 나가게 생겼다

한결문학회
늘 한결 같이

# 이창원

- 천추千秋여
- 눈물 꽃
- 나의 진수성찬
- 구름 배
- 광대놀음
- 정적
- 먼발치
- 겨울나무
- 독경
- 나 돌아가리니
- 빛
- 그냥 지나가는 바람이려니 생각하게

월간한비문학, 문학세계, 문예춘추 2008년 등단(시, 시조, 수필), 2012 서정주 문학상 및 2015 윤봉길 문학상 대상 수상, 2020 한국을 빛낸 사람 대상(언론, 문화예술부문), 2024 대한민국 항일문학시맥회 이육사 문학상 수상, 한국문인협회 회원, 저서:『검은 태양』『단비는 밤새 내려라』 등.

# 천추千秋여

이창원

속 알맹이 하나 없는 껍데기뿐인 세월이여
소갈머리 없는 철부지의 천추千秋 여

이 세상 저세상을 바람처럼 떠돌다가
빛바랜 화폭 속에 슬픈 세월만 남기네

부질없는 세월 속에 초로 같은 내 인생아
사는 것이 고행苦行이고 뜬구름 같아

가쁜 숨 몰아쉬는 남은 세월에
낡고 허름한 옷깃 속으로 나의 몸을 맡긴다

# 눈물 꽃

여름날
땀방울에 가히 젖은
눈물 꽃이 피었네


화로 같은 뙤약볕에 익어
쓰러져버릴까 안쓰럽다


소나기라도 한차례 지나가 주지 그래
이래저래 목이 타기는 매일반이고


땀범벅 눈물범벅에다


할머니 눈가엔
하염없이 눈물 꽃만 피어나네

# 나의 진수성찬

늦은 오후
햇살 몇 점이 거실 유리창에 기댄다
약간의 배고픔이 생존경쟁의 소용돌이로 인
도하게 된다
무엇으로 이 허기진 배를 채우고 생존의 활
기를 찾을 수 있을까
고민고민하다가 시골 밥상 차림이 생각났다

흔히 점심 한 끼 떼 우던 시골 밥상이다
식탁에 수저를 깔고 집사람이 손수 담근 고
추장과 된장을 근사하게 식탁 위에 올려놓는다

다음은 밥솥에서 점잖게 손님을 기다리는 밥
한 그릇을 준비한다
물 한 컵은 빠질 수 없는 메뉴 중 하나이다
드디어 오늘의 주메뉴인 내가 좋아해서 간편
하게 잘 먹던 얼갈이 삶은 쌈이 올려지니 이
제 다 모인 거 같다

쌈 두 닢에 밥 한 숟가락 듬뿍 넣고 집사람표
된장 떠서 허기진 배를 채우기 위해 쪼그라
진 위장으로 들어가기 위해 입속으로 들어간다

그래, 하찮은 얼갈이 쌈 한술 떠 넣지만, 나
의 약삭빠른 뇌의 회전에 힘입어 혓바닥은
진수성찬에 만족하고 침샘까지 춤을 춘다
얼갈이 쌈 몇 점 입속으로 들어가니 위장도
만족했는지 더 이상의 배부름을 거부한다

그렇지 한 끼 밥상이 무슨 대수라고 진수성
찬 반찬이 무슨 대수라고
그저 내가 좋아하는 음식 몇 점 먹어도 맛있
으면 그만이지
그렇게 저렇게 생존경쟁 속에서도 부족할 듯
말 듯 살아가는 거지

오늘 점심도 진수성찬으로 배고픔을 해결했다

# 구름 배

뭉게구름 한 조각이 구름 배 되었네
두리둥실 두리둥실 어디로 떠나려나
잠든 영혼 지친 영혼 위로 여행 떠나시나

먹구름 뭉게구름 가는 길을 가로막고
수많은 저 별들을 어이 뚫고 지나갈꼬
휘영청 보름달이 가는 길을 밝혀주니
저 멀리 반짝이는 대장별이 목적지네

어서 가자 어서 가자 구름 배야 어서 가자
허기져 지친 육신 한시바삐 쉬어가게
징징대는 아기 영혼 무엇으로 달래주나
별을 줄까 달을 줄까 구름 한 점 떼어줄까

어서 가자 어서 가자 구름 배야 어서 가자
아기 영혼 어른 영혼 마음 놓고 쉬어가게

연로한 늙은 영혼 무엇으로 위로하나
따뜻한 말 한마디로 약주 한잔 대접할까

어서 가자 어서 가자 구름 배야 어서 가자
비바람 몰아치면 별도 달도 빛을 잃어
구름 배 길을 잃고 하늘에서 맴돌진 데
어서 가자 어서 가자 구름 배야 어서 가자
비바람 몰아쳐서 구름 배 흩어지면
이나마도 좋은 여행 언제 다시 하겠느냐

# 광대놀음

해가 떴다 검은 해가 떴다
세상을 밝혀줄 빛이 없다

아주 깜깜한 낮 밤과 같다
암울한 거리 칙칙한 대화
일그러진 얼굴들 그냥 쫓기듯
숨도 쉬지 않은 채
모험의 행군을 하고 있다

꽥꽥대는 거리의 자동차들
혼미한 경주를 한다
진혼곡의 음률에 따라
앞서거니 뒤서거니 전투를 벌인다

갈라진
하늘 사이로 모습을 드러낸

음흉한

마귀의 유혹이 시작된다


절구통 같은 인생 누더기 행랑 벗어던지고

지구를 떠나라고

그들은 유혹 하고 있다

# 정 적

불 꺼진 창가에 드리워진 소리 없는 적막
가로등 불빛 한 줌이
소리 없는 울 분을 토로한다

외로운 정적의 향연
까만 밤 무거운 침묵이 흐르고
이내
그 침묵은 묵직한 흐느낌으로 변했다

내가 이해할 수 없는 것들
도대체 무엇이란 말인가
정녕
실타래처럼 꼬여있는
철의 마법 녹일 수 있는
괴력을 얻지 못하는 것일까

철거덕거리는

회전 시계마저도

정신이 혼미하다


오늘도 여전히

제4차원의 세계에서 철저히 봉쇄되어

하얀 단복의 마법사에 의해

내 정신을 지배당하고 있다

# 먼발치

그냥

먼발치에서 멍하니 바라보고 있을 뿐

뭐 하나 해줄 게 없습니다


마음 하나 줄 수도 없고

능력이 없어

아무것도 도와줄 게 없습니다


인생은 술래잡기입니다

잡힐듯하면 도망가고

또 따라가면 도망가고 하는 게

인생인 게지요


잘난 것도

가진 것도 없으니

큰소리칠 일도 없고

사람 사는 방식대로
그저 살아갈 뿐이랍니다

항상 먼발치에서
앞서가는 사람의 뒷모습을 바라보며
바보같이 그저 묵묵한 인생길을
걷고 있을 뿐입니다,

# 겨울나무

꽁꽁 얼어붙은 대지大地위에
아무것도 걸치지 않은 채
그나마 남아있는 마지막 온기를 머금으며
그저 홀연히
북풍 한파를 이겨내는 겨울나무의 자태가
애처롭다

백설白雪이 겨울나무의 무게를 더할 때
횅하니 불어오는 실바람 한 점이
겨울나무의 아픔을 달래준다

삼라만상森羅萬象의 으뜸이요
대지大地의 근간根幹인
나무는 많은 것을 남긴다

모진 한파에 인내하는 겨울나무는

새봄에 불어올 춘풍春風을 생각하며

아름다운 꽃을 피울

그날을 꿈꾸며 인내하고 있다.

# 독 경

부전副殿스님의
독경 소리에
가슴이 울고 눈물이 난다

삼라 만법의 스승이신
부처님의 가르침은
업業을 뛰어넘으리니

염주 한 알은 세속 번뇌 씻기 우고
염주 두 알은 속세의 정을 끊어놓네

백팔염주 마디마디 임의 모습 담겼으니
일체중생은 불성佛聖이 있어 그 진리를
알 터인데

세상의 모든 번뇌가 명리名利에 해탈解脫 하고
삼라만상 모든 중생은
성불득도成佛得道하소서

# 나 돌아가리니

나
한 줌의 재가 되어 날아가리니
부모의 은덕으로 세상
구경하고 씨앗 셋 남기고
다시 돌아가리니

초로 같은 인생살이
그저 고맙게만 생각하고 한 줌의 흙으로
돌아가리니
허무도 사치요
미련도 과분하고
그저 감사한 마음으로
내 살 곳 찾아
돌아가리니

풀 한 포기
바람에 떠도는
먼지만도 못한 홀씨 인생 놀음 그만하고

돌아가리니

세상에 모든 생명체여
그저 그저 살다가
그곳으로 돌아가리니

무엇하나 필요치 않은
그곳으로
알몸 하나로 돌아가리니

나 이 세상에 태어나
살아 온 외상값 다 갚고
한 줌의 흙이 되어
돌아가리니

세상의 사람들아
사는 동안 착하게 살다
죽어서도 욕 안 먹는
인간다운 내가 되어
하늘로 돌아가리니

# 빛

눈으로 바라보는 빛
몸으로 느끼는 빛
마음으로 전해오는 빛

깨달음의 빛
나를 돌아보게 하는 빛
때론 나를 반성하게 하는 빛

희망을 주는 빛
구원을 주는 빛
깨달음을 일깨워 주는 빛

어둠을 밝혀주는 빛
나를 인도 하는 그 빛
세상을 지켜주는 그 빛은
우리들의
마음입니다.

# 그냥 지나가는 바람이려니 생각하게

살아가는 것이 다 그런 거 아닌가
바람이 불면 부는 대로 비가 오면 오는 대로
그냥 그때그때만 생각하며 살아 보게나

콩나물시루 같은 숨 막히는 도시에서
공장 굴뚝 연기로 뒤덮인
찌든 공기 한 모금 마시고 심호흡 한번 크게
 해보게나
매캐한 냄새가 코를 자극하면 재채기 한번
 하면 그만일세

좌우전후 다 돌아봐도 빠져나갈 구멍 하나
없구먼
아무 말도 하지 말고
그냥 사람들 틈바구니에 끼여
그냥 흘러가 보게나

빌딩 숲에 차단되어 굴절된 빛은
되돌아올 것 같지는 않고
사람들에 채고 짓밟혀 버린 내 구두는
약 묻혀 닦으면 그만 아닌가

뭐 그리 복잡하게 살라 하는가
되돌릴 수 없는 빛바랜 인생 아쉬워하지 말고
현실을 받아들이며 자네 방식대로 그냥 살게나

욕심은 과욕을 낳고 과욕은 오욕을 낳네
살아가는 모든 것이
그냥 지나가는 바람이려니 생각하게

한결문학회
늘 한결 같이

# 장동석

- 선비의 꽃나무
- 노년 老年의 세월
- 무궁화
- 생生과 사死
- 정치꾼들
- 옛고향 생가生家
- 죽음에 대하여

한국문인협회 이사, 세계시문학회 이사, 한국산림문학회 이사, 서울특별시 시우회誌 편집주간, 문학人신문 선임기자, 한국문인협회 구로지부 12, 13대 회장 역임, 한국예술문화단체총연합회 서울시 구로구지회장.
시 집 :『구로동 수채화』『바다의 악보』『물 위에 쓰는 詩』『쇠똥구리 같은 세상』『허수아비의 찬가』등 全 12권 수필집 :『태양이 있는 밤에』『공자曰 맹자 曰』外 多數.

# 선비의 꽃나무

장동석

옛 선비들은 앞 뜨락에
청초한 결기의 꽃을 좋아하고
파랑 빨강 갈색으로 옷 색깔을 갈아입는
변덕스런 단풍나무는 심지도 않았다

선비의 꿋꿋한 기개를 안고
푸른 지조와 위풍당당한 자태
결코 변덕이 죽 끓듯 하는
나무는 당연히 들이지 않았다는 뜻이다

구중궁궐 같은 고택의 안마당에
모란 동백의 결연한 지조를 가꾸고
가시 돋친 장미꽃으로 악귀를 모두 쫓아낸 채
순결한 영혼의 매화를 피워내
결코 흔들리지 않는 체통을 세웠구나

저 변덕쟁이같이 간사한

벚나무는 사람의 마음을 사로잡고

화려한 가면을 쓰고 춤을 추지만

선비의 기품을 자아내기에는 택도 없다


옛 양반들은 뒤 담장에

꽃 병풍 같은 무궁화를 심고

파랑 옷깃으로 휘일지언정 꺾이지 않는

결기 곧은 대나무를 심고 가꾸었다

# 老年의 세월

그 누구의 운명이라도 그러하듯
우리는 다 때가 되면
무거운 개나리 짐 둘러매고 늙어간다

고달픈 모진 세월歲月들
저리도 숨 가쁘게 달려온 날들을 헤아리고
버릴 것들만 가득히 남아
푸르고 젊은 날들을 회상하고 있다

모든 욕망 따위는 다 내려놓고
잠시 돌아보는 긴 여정 속
오늘도 감사한 마음으로 저무는 황혼길을
걸을 때
그냥 편안하고 홀가분한 마음뿐
근심 걱정 하나 없이 여유로워서 좋구나

노년기 삶의 정한情恨들

아무런 회한 없이 찬란한 절정을 이뤄가는

그리운 것들만 가슴에 남아

빈 마음 삶의 여백이 자유롭고 좋다


저 세월이 유수처럼 흘러가듯

우리는 다 때가 되면

인생의 무거운 짐 내려놓고 돌아간다

# 무궁화

찬 이슬을 머금고
벌써 수줍게 소란을 피우며
이른 새벽부터 활짝 웃는 청초한 꽃이다

해 맑은 아침 무렵
날마다 새롭고 당돌하게 꽃을 피워
한낮으로 활짝 만개해 버리는
우리 삼천리 반도 영원한 꽃 중의 꽃

쨍쨍거리는 혹독한 햇살 속에
연한 분홍빛 꽃잎으로
실핏줄처럼 여린 스무 살 청춘 향기를
내 비친 채
선명한 애국의 마음 일깨우는
금수강산 조국을 상징하는 소중한 꽃이다

해 저문 저녁때면

미련 없이 꽃잎을 고이 접었다가

다시 새벽부터 피기 시작하는

우리 국민의 가슴에 핀 영원한 빛깔들


찬 바람 불어오고

간절한 소망의 긴 여정 속에

영원히 피고 또 지지 않는 고결한 꽃이다

# 生과 死

이 세상에서

꽃이 피는 건 힘들어도

저 낙엽처럼 떨어져 가는 것은 잠깐이더라


하늘을 맑고 푸르게 장식하려고

외로운 영혼靈魂으로

내 인생을 돌아볼 여유도 없이

잠깐 순간적으로 지나가는 세월이었고


그대가 처음 내 곁에서

꽃의 이름으로 피어날 때처럼

곱고 아름다운 생애生涯의 찬란한 절정일

수록

꽃으로 아쉽게 떨어질 때도

내 가슴에 영원히 핀 향기였었다

그대가 오색 빛 순정으로 물들고

참으로 비감悲感하게

찬바람에 목숨을 떨구는 건 쉬워도

영영 잊는 것은 눈물겨운 아픔으로 남는


이 세상에서

꽃이 피는 건 힘들어도

내 인생처럼 저물어가는 것은 순간이더라

# 정치꾼들

제 자신의 진정한 의무가
뭔지도 모르고 껄떡거리는 정치꾼들
너무나 안타까운 이 현실이다

어쩌다 지난 선거에
운이 좋아 큰 벼슬 감투를 썼지만
이 나라 현안 문제도 모르면서
허풍떠는 가증스러운 행태가 꼴불견이다

요즘 황금만능주의 시대에
모든 걸 다 쥐고 거드름 떠는 꼴하고는
누구나 어설픈 벼슬아치가 되면 안하무인 격
으로 제 할 구실과 책임도 인식 못한 채
목에 힘주고 큰소리만 뻥뻥 치고 있구나

알량한 큰 벼슬 감투를 썼다고

이 나라 정의 사회 구현은 오리무중이고

철부지 모리배들이 판을 치는

애국심 없는 놀이만 하고 아수라판이다


제 본인의 진실한 권리가

뭔지도 모르고 큰소리치는 양아치들

너무나 불안스러운 이 국민이다

# 옛 고향 生家

옛날 그 마을 어귀에는
가진 것 없이 초라하고 가난했어도
꽃피고 새가 우는 강산이었는데
내 고향은 신도시 개발에 따라 사라졌다

언제나 고향이 그리워질 때마다
내 마음 가눌 길 없어 멍하니
옛 정취를 찾아 향수에 잠겨보지만
텅 빈 집 앞마당에 거미줄만 무성하다

수암산 계곡물이 철철 흘러내리고
밤마다 부엉이 울어대건만
부모님 돌아가시고 안 계신 옛 고향 생가터
에 온갖 잡초들만 무성히 자란 채
외롭고 안타까운 마음 그지없구나

내 고향 앞마당에 우뚝 서 있는

감나무 한 그루 반갑다 손짓하지만

우두커니 먼 산을 바라보니

옛 추억이 얽힌 그 시절이 그리워라


현재 이 동네 한복판에

길이 뚫리고 고층빌딩이 들어섰지만


아늑한 정겨운 강산이었는데

내 고향은 신도시 개발에 따라 실종됐다


* 수암산 : 충남 예산군에 있는 해발 260m 詩人의 옛 고향 뒷산이며,
현재는 내포 신도시가 들어섰다.

# 죽음에 대하여

사람은 누구나 다
나이 들수록 더 소중히 하는 것은
죽음을 알기에 더 살고 싶은 욕망뿐이다

모질고 힘든 일상이지만
이 세상에 무슨 미련이 남아있길래
고독이 가슴을 옥죄고 있는데
맥없이 무의미하게 살아갈 필요도 없고

한평생 늘 혼자서 울다가 웃고
일희일비로 살다가 가는
가장 아름답고 슬픈 운명을 영위하고 있건만
세월이 흐르고 지나갈수록
모두 천당 길을 향해 달려가고 있구나

막다른 골목 같은 삶이지만

이 세상에 무슨 애정이 남아있길래

나무도 늙어 선 나뭇가지마다

세월 끝자락에 죽음을 매달아 놓고 있는


인간은 모두가 다

살아갈수록 더 애증을 갖는 것은

죽음을 알기에 더 버티고 싶은 소망뿐이다

한결문학회

늘 한결 같이

# 정동진

- 한가위쯤이면
- 봄의 아픔
- 우린
- 검은 구름
- 한탄
- 설경
- 바보의 넋두리

시인, 시조시인, 문학평론가한국문인협회 문단정화위원, 동작예총 고문, 관악문인협회 지도위원, 한결문학회 회장, 문예춘추문인협회 고문, 서라벌문협초대회장 및 고문 역임. 보국훈장광복장수상, 국방부장관표창 3회수상한하운문학상, 박재삼문학상대상, 정공채문학상대상, 윤봉길문학상대상, 유치환문학상대상, 한용운문학상, 통일염원문학상, 동작문학상, 한국문협이사장표창, 동작구청장표창, 관악구청장표창, 시조문학 작가상 수상저서 : 시집 『정동진의 햇살』『가을이 머무는 언덕』 외 다수.

# 한가위 쯤이면

정동진

마지막 매미 소리 힘을 잃어 갈 때면
서늘한 가을향기 슬며시 다가오고
다가올 명절 앞에 그리움이 모인다

과실이 햇살 받고 익어 갈 양이면
앞다투어 풍성함에 한 아름 가을 안고
귀향길 설레임에 동네 앞을 누빈다.

# 봄의 아픔

어우렁더우렁
봄 향기에 빠지면
지나가는 바람마저
손짓하는데
그대 손잡고픈 건
그냥
욕심일까

하얀 벚꽃 옆에
라일락 내음 품고
현실 앞에 선
당신 모습 보고픈데
찌푸린 하늘이
우리 사이 가른다.

# 우 린

눈물은 저 멀리

그래도 안개 속

검푸른 하늘에

먹구름 너무 희다

지금 네 가슴에

남은 건 검은 눈물


가자 낼 위해

우린 널 위해

한 방울 눈물방울

가슴에 안고 웃어볼까

우리는 희망을 안고.

# 검은 구름

남모르게 희다 너무 희다
뭔가 아쉽다 뒷걸음질이 어렵다
왜 여기 숨 쉬고 있을까

지나간다 억장을 밟고 인간이 무섭다
뭘까 어렵다 시간을 잡자
숨 쉬는 이곳이 천국일지 모른다.

# 한 탄

눈물방울 어려워
가슴 치며 숨죽이고


한강 물 넘쳐 넘쳐
여의도 쓸었으면


미친놈 헛소리 합쳐
바보처럼 죽는다.

# 설 경

북풍에 밀려났던
앵글 속 복수초

절기의 응원 받아
입춘과 노니느라

눈물 속 노오란 향기
프레임에 눕힌다.

# 바보의 넋두리


흔들리는 바람이 내 볼을 감싸는데

따스한 이 느낌은 님의 따슨 손길

한 잔 더 한 방울 더 생의 마지막이 아니길


돌아본 발길은 그냥 비틀대는데

총칼 대신 잡은 어줍잖은 붓 자락이

한 겹 또 한 겹 바보를 벗는다.

# 최대락

- 느림과 기다림의 미학
- 적막감이 감도는 고택
- 긴 황혼의 그림자
- 지하철 출근길
- 산천도 함께 하는 슬픔의 비가悲歌 있다
- 그 사람이 나였으면 좋겠습니다
- 잠깐 걸음을 멈추어요

현대작가 소설등단, 한비문학 시. 수필, 경희대학교 졸업, 제12회 대한민국 문학예술 대상 수상. 한비문학 대상 수상, 볼프강 본 괴테 작가상 수상, 어니스트 헤밍웨이 베스트작가대상 수상, 프랑스 파리 폴 발레리 작가 대상 수상, 현대작가 소설상 수상, 대한민국 시인 대전 순수시 대상 수상, 한비문학협회 서울지회회장, 코로나 극복 공모전 최우수 문학상 수상, 경희대학교 경희문인회원, 한국문인협회 회원. 한국소설가협회회원, 관악문인협회 부회장.

# 느림과 기다림의 미학

최대락

느림과 기다림이 익숙한 어르신들이 북새통
인 은행 창구 앞에 개개인의 모습이 천차만
별千差萬別 흥미롭다.

벽에 걸린 TV에 아니면 은행 광고지를 무언
가 한없이 들여다보고 무슨 글씨인지 들었다
놨다 하는가 하면 탁자 위에 놓인 화분을, 넋
을 잃고 쳐다보다가 체념하듯 느닷없는 휴대
전화 소리에 놀라 겨우 덮개를 열고 여보세
요, 몇 번 소리 지르다 옆 사람에 미안한지
잠시 밖에 다녀오다가 창구에서 부른 순서
의 번호도 잠시 잊은 듯 그제야 은행 관계자
에 찾아가니 순서가 벌써 지났다는 말에 실
망한 모습에 직원의 아량으로 업무 처리하고
돌아서는 그 모습이 환한 표정이다. 넌지시
물었다.

몇 시에 오셨는지, 할망구가 은행은 일찍 가서 기다려야 한다고 일찍 왔다고 아침 창구 문을 열기 전에 먼저 와서 기다렸단다. 시간을 보니 꼭 2시간 30분이 흐른 시간이지만 아직도 나를 포함한 노인 세대는 은행 창구에서 하염없이 기다림에 지쳐 그중에도 기다림과 느림에 익숙하지 못한 세대는 짜증 내고 돌아가는 이도 있지만 익숙한 세대는 자신 번호를 주시, 차례가 오기를 눈이 빠지게 번호판을 쳐다보며 한숨을 짓는다. 기다림에 익숙한 세대, 느림이 익숙한 세대는 과연 이 사회에서 어떻게 적응하면서 보내야 할까? 꼭 은행 창구뿐 아니라 집안에서도 대중교통과 식당에서 주문 방법 등 너무 빠르게 변해버린 요즘 남은 세상 무섭기도 하고 아쉽기도 하고 젊은 지난날을 회상해 보면

아날로그 세대에게선 여유와 행복도 있었고,
요즘엔 쫓아가기엔 역부족이지만, 그래도 최
선을 다해 근처까지 가다 보면 무슨 결말이
나겠지만 세월이 가져다준 서글픔의 선물이
 느림과 기다림의 익숙함에 해결하고 만족한
 표정으로 나서는 은행 창구 모습이다.

# 적막감이 감도는 고택

돌담 사이를 두고 인적 끊긴 고요한 고택이 금방이라도 쓰러질 듯 사뭇 위태롭다.
비바람에 떨어진 개망초 꽃잎은 하얀 벌판을 이루고 갈라진 담장을 타고 올라간 능소화는 타는 가슴 부여잡고 석양의 붉은 낙조를 삼킨다 모진 풍파에 기울어진 대문 사이로 삐걱거리는 소리는 적막감이 흐르고 마치 전설의 고향 단막극에서나 나올 법한 소복 입은 여인이 금방이라도 뛰쳐나올 것 같아 을씨년스럽다. 아이들이 놀았던 녹슨 그네는 소슬바람에 흔들거리고 칡넝쿨이 칭칭 동여맨 대들보는 포로로 잡힌 병사처럼 몸부림치는 모습에 대청 마루판이 뜯겨 나간 자리에는 쑥부쟁이가 살짝 고개를 내민다. 외양간 처마에 걸린 코뚜레와 워낭은 옛 주인의 흔적, 한때는 저

녁이면 정겨운 연기가 모락모락 피어올랐던
굴뚝은 세월을 이기지 못하고 고개를 떨구고
처마 풍경소리는 고요한 고택의 적막함을 휘
감고 쓸쓸히 떠난 그대여!

# 긴 황혼의 그림자
## the shadow of a long twilight

낙엽이 하나둘씩 떨어지는 듯

falling leaves one by one

옛 친구 이름도 점점 지워지니

old friend's name is getting erased

이유 없이 서글픈 생각이 듭니다

I feel sad for no reason


희미해지는 긴 황혼의 그림자는

a long shadow of dusk fading away

풀지 못하는 헝클어진 슬픈 매듭처럼

Like a sad knot that can't be solved

그 흔적을 지우려고 합니다

I'm trying to erase that trace


바람이 불면 꽃잎이 떨어지는 것처럼

Like the petals fall when the wind

blows

세월이 가면 어쩔 수 없는 운명인 것을

As time goes by, it's inevitable

이제는 욕심을 내려놓을 때가 되었나 봅니다.

I guess it's time to let go of your greed.

# 지하철 출근길

지하철 출입문 앞 길게 늘어선 두 줄 맨 뒤에
서 좌우를 살펴보니 옆줄이 났겠다 싶어
기다린다
열차가 도착 많은 승객으로 북새통을 이루고
다음으로 밀린 열차는 아무 일 없다는 듯 숨
가쁘게 달려와 승객들의 눈치 싸움 처절한
삶의 현장을 아는지 모르는지 내색조차 없이
편안하게 미소 짓는 열차는 두 얼굴의 출근
길이어라
이번엔 저절로 떠밀려 손잡이를 필사적으로
놓칠세라 두 손을 들어올려야 할 상황 쓰러
질 듯 여기저기 비명에 거친 숨소리까지 가
방이라도 앞으로 메었으면 좋으련만, 안내방
송에도 마이동풍馬耳東風 요지부동搖之不動
사이를 비집고 들어가 겨우 지지대에 의
존한 채 정면을 바라보니 대입고사와 공인

중개사 자격증. 약품 광고 및 운전 면허시험
국가 자격증과 내 눈높이에 알맞게 붙여놓은
건설회사 광고는 최고의 역세권과 스위트 홈
이라느니 분양 마감 임박이라느니 모두가
자신들이 최고라고 온갖 자랑 일색이다.
화재 발생 시 스티커도 한몫 비상문 탈출 7
단계조작 방법과 분실물, 테러, 범죄 신고 안
전 수칙 동영상 모두 읽고 보고 나니 두 시간
내내 지루함을 잊고 도착하여 역 계단을 뚜
벅뚜벅 올라가는 바쁜 발걸음이 출근 아침을
끌어안는다.

# 산천도 함께 하는 슬픔의 비가悲歌였다

병환病患과 노환으로 거동조차 감당하기
어려운 병세로2019년 8월 16일 삶의 애환
이 함께 한 정든 집에서요양원으로 일세기
만에 떠나시는 장모님, 밤새 굵은 비가 쏟아
지는 빗소리는 비련悲戀의 연가인가,
마치 지나간 아픔을 깨끗이 지워버리듯
뜬눈으로 밤을 지새우며 벽에 걸린 새댁 시절
하얀 치마저고리 곱게 차려입고 아이들과
찍은 흑백사진을 하염없이 바라보시는 모습
은 다시 돌아오지 못한다고 예견하시는 듯
떨리는 목소리와 촉촉한 눈빛은 지금도 눈에
선하다. 이른 아침 119로 요양원 가시는 것을
꺼리시던 모습에 손자 등에 업혀 자동차에
오르시면서 마음을 놓이는가 싶더니 운전하는
손자 어깨를 주무르면서 고맙다는 장모님
종갓집 시집살이에 긴 세월 희로애락을

함께 했던 작은동서가 노환으로 세상을 떠났
다는 소식을 접할 때는 고통 없이 잘 갔다
내도 곧 가서 만날 거라는 장모님 코로나19
대면 금지로 유리창 칸막이 사이 스피커에서
흘러나오는 고통의 신음㋇㋹은 아주 작은
목소리로 멀리서 지켜보는 가족들 얼굴
한사람씩 눈인사로만 건네는 모습이 마지막
인사였습니다.
장모님 5주년 기일이 다가오는 날 산소라도
다녀올까 합니다.

# 그 사람이 나였으면 좋겠습니다

별 소식이 없는 듯 이리 살아도 마음 한편엔

추억의 앨범 속에 아련히 떠오르는 보고픔에

그냥 기분 좋은 사진 속의 반가운 사람

그 사람이 나였으면 좋겠습니다


한동안 뜸하여 그립다 싶으면 잘 지내느냐

고 톡이라도 띄워 안부라도 묻고 싶어지는

풋풋한 기억 속에 있는 사람

그 사람이 바로 나였으면 좋겠습니다


세월이 흘러 그만 잊은 듯하여도 문뜩문뜩

생각에 설렘으로 그렇듯 애틋한 관계는 아닐

지라도 그리움 하나쯤은 가슴에 심어두고 싶

은 사람 그 사람이 나였으면 좋겠습니다


어쩌다 소식이 궁금해지면 잘 있는 거냐고

잘살고 있냐고 휴대전화 속에 젖은 목소리라

도 살포시 듣고 싶어지는 사람

그 사람이 정말 나였으면 좋겠습니다.

# 잠깐 걸음을 멈추어요

잠깐 걸음을 멈추어요. 그리고 들여다보아요.
아침 햇살 속에서 피어나는 꽃이 얼마나
고운지 한낮의 바람 속에서 꽃이 살랑살랑
얼마나 기뻐하는지 저녁 어스름이 밀려올 때
모두가 외로울 때 한 송이 꽃도 시들시들 외
로움에 눈물겨워 한다는 것을 잠깐 걸음을
멈추어요.그리고 한 송이 꽃을 가만히 들여
다보는 거예요.
잠시 마음을 기울이는 여유를 가져보는 거예
요. 그러다 보면 알게 된답니다.
잠깐 걸음을 멈추어요. 이 세상이 하나의 꽃
밭이고 그대 맘속에 한 송이 꽃이 숨어 있다는
것을요.
세상에 그대보다 더 우아한 꽃은 어디에도
없다는 것을 한 송이 꽃을 보며 웃을 줄 아는
이 세상의 아름다운 꽃이 바로 그대라는 것을요.

# 수필 隨筆

- 김도희
- 김수원
- 장동석

# 김도희

- **나를 찾아 떠난 여행**
- **이모할머니 되다**

2000년 한맥문학 시 등단,한국문인협회 회원, 산림 문학 회원, 한결문학
회 회원.

# 나를 찾아 떠난 여행

김도희

내가 나를 안다는 게 이렇게 힘들고 고달프고 아픈 여정인 줄 몰랐다.

수없는 거리를 떠돌고 시간을 들여 찾아들던 곳곳의 풍경 속으로 속 깊은 만남을 더듬이 세워 가본다.

2025년 2월 설날을 며칠 남겨 두고 쉰다섯 막내는 뇌경색으로 쓰러져 한 달도 못 넘기고 세상을 등졌다.

가끔 가슴 밑이 절인 아픔을 느낀다. 온통 머릿속은 아직도 생생한 그의 모습 애통하고 절통해서 숨이 멎는듯했다. 젊은 시절도 혼자였다 엄마의 품속에서 청춘을 보내고 엄마를 떠나보내고 후유증이 채 가시지도 않았는데 아련한 그리움이 물결쳐 시린 맘 잠시 접어두고 난 나를 찾아 여행길에 오른다.

곰배령 산수갑산 펜션엔 10월 4일부터 7일까지 3박 4일 예약을 했는데 그냥 그날에 떠나면 될 걸 무슨 바람이 불었는지 하루 먼저 인제로 향했다.

가을이라 그런가 한산하다. 원래는 오전 6시 30분 차를 끊었는데 트로트 장구 모임에서 회식을 하는 바람에 다음

날 못 일어날 것 같아 시간을 연기했다. 인제는 자작나무 숲을 가야 한다던데 두 시 넘어 도착하니 택시를 타고 가 봐도 세시까지라 들어갈 수가 없어 주변만 맴돌다 나왔다.

예전엔 여행하면 뭔지 모르지만 가는 곳마다 훈기가 맴돌고 살아 숨 쉬는 힘찬 생명력을 느꼈다. 사람들의 모습도 활기차 보이고 상인들의 가게도 들락날락 손님들로 복작거렸다. 술집에선 니나노 장단에 젓가락이 두들겨지고 거나한 탁배기로 목선에 달뜬 인생을 곱씹으며 허심탄회 지나온 날들을 추억했다.

자작나무숲도 못 보고 돌아온 길이 횡해서 숙소는 못 들어가고 거리를 배회했다. 인제는 군인들이 많아서 군인들을 위한 상점들이 많았다. 그렇지만 추석 다음이라 그런지 거리마다 북적거림도 사라지고 터미널 가까운 생활용품 가게들은 가격이 저렴해서일까? 사람들이 붐비는데, 시장통 가게는 한산하게 파리만 날린다.

값비싸고 좋은 물건보다 싸고 우선 쓰기에 편한 것만 골라서일까 대목을 보아야 하는데 상점들은 한가하다. 바람이 쌔 하게 분다. 왠지 기운이 없는 듯 휘청대던 걸음이 고꾸라져 넘어졌다.

머리를 박고 코밑에 벌겋게 피선이 터졌다. 왜일까? 나에게 정신 차리고 걷지 못한다고 호되게 야단을 치며 걷고 있는 게 아닌가!

엄마를 용서했는데 아직도 부족한가보다 엄마로부터 받아온 언어적 폭력 때문일까? 언제나 남보다 나에게 성질 부리고 종주먹을 댄다.

이젠 나를 찾아야 한다. 그래서 여행하고 있는데 아직도 나를 응징하고 있으니 어쩌랴 밭이랑에 붉은 고추들이 빽빽이 들어차 있고 대추나무에도 큼직한 대추 알이 탐스럽다.

널찍한 공터엔 장이 섰는지 알전구 불빛이 환하게 오르고 사람들이 오고 간다. 무엇이 있는지 가보았다. 산지 직송 농작물들과 먹을거리들이 즐비하다. 한쪽에선 전을 부쳐 팔고 그 옆에 막걸리를 팔고 떡볶이 오뎅 순대도 있다.

넘어져 콧잔등이 벌건데도 맘이 한껏 들떴다. 휴일이지만 다행히 약국 문을 열어 소독약과 연고를 사고 오는 길이다.

장터가 열렸구나! 김치전과 빈대떡을 사고 오미자 막걸리 한 병에 탁자에 앉아 뜨끈한 오뎅탕도 시켜놓고 먹고 있는데 옆에서 발간 것이 점인 줄 알았는지 물어본다. 머쓱해서 그냥 넘어졌다 했다.

저녁 겸 한잔하고 숙소로 돌아왔다. 여자이면서 당차게 홀로 여행을 떠나는 건 내 안에 아버지께 물려받은 역마살이 발동을 걸기 때문이다.

소리를 하지 않고 여행하지 않았다면 넓은 눈과 생각을

가질 수 없었을 테다. 수없이 나를 미워하면서도 나에게 애착이 강하다. 언니는 나에게 너가 세상을 살아가는 방식이라 했다.

그렇다. 내 방식대로 서툴지만 잘살아 가고 있다. 어둡고 암울한 과거를 붙들고서도 그 과거에 묶이지 않고 당차게 비상할 수 있는 건 또한 나를 표현하는 글이다.

남은 시간은 짧지만 옹골차게 살아 내야겠다. 다른 이들과 섞이지 못하고 겉돌지만 가까이 갈 수 없는 건 내가 진정으로 맘 주고 사랑하던 그는 늘 나를 떠나고 세상에 없다.

막냇동생도 내가 살던 동작구 집을 정리하고 독산동 언니와 여동생이 있는 곳에 와서 매일 장마가 지고 비만 오면 지하 빌라가 샌다고 불안에 떨면서 전화하는 막내가 안타까워 무심한 형제들은 몸도 정신도 아픈 아이를 아무런 연고도 없는 인천에 떨쳐두어 속상해서 탄식도 많이 했다.

상도동 방을 내놓고 먼저 이사해서 따로 방 두 개를 얻어서 동생 집 팔릴 동안 거처하게 하고 돌봐 주렸더니 무심하게 저세상으로 가버렸다. 내 마음도 몰라주고 멀리 훌쩍 떠났으니 다시는 되돌아보지 말고 남아있는 누나들 걱정해서 머뭇대지 말고 앞만 보고 가라 말했다.

뼛골이 아쉬움과 그리움에 절여온다. 먹는 것만 보아도 이것 좋아하는데 하며 음식을 해 먹어도 동생이 밟힌다.

가까이 두고 돌볼 것이지 그 먼곳에 뚝 떨어트려 놨는지

도통 이해가 안 간다. 못된 형제들이다. 부모한테 받은 것
이 없으니 형제간 우애가 있을 턱이 있나!

애면글면한들 돌아올 수 없는걸. 사십구재도 지내주었
다. 부디 좋은 곳으로 잘 가서 이승에서 누리지 못한 사랑
맘껏 누리고 살기를. 어느새 추석도 다 지나간다.

요즈음, 세월은 총알을 탔는지 휙휙 잘도 지나간다. 휴
일도 내일이면 끝이다. 사랑을 주려고 하면 그 사랑은 훌
쩍 떠나버리니 사랑을 차마 줄 수 없어 꽁꽁 닫아놓았다.
내 마음도 내 마음대로 할 수 없으니 날마다 애만 탄다.

여행은 언제 끝날지 모르지만 조금씩 나를 알아간다. 토
닥토닥 오늘도 만나서 반가웠다. 내일도 좋은 추억 많이
만들어 가 보자꾸나.

막내야, 누나가 쉬는 날이면 널 치매 엄마를 돌보게 하
고 돈을 쥐여주고 여행을 떠났지, 맛있는 반찬을 해주면
'누나 오늘 내 생일이야' 하고 소년처럼 해맑게 웃던 너!
이제 해주고 싶어도 더 해줄 수 없으니 가슴뼈가 먹먹하다.

막내야, 우리와 함께여서 고맙다. 부디 좋은 곳에서 너
만의 꿈 마음껏 펼치고 여기 보다 더 멋진 삶 당차게 살아
내거라. 여기에서처럼 아프지 말고 건강해야 해. 넌 참으
로 소중한 사람이었다는 것만 기억하렴.

창밖에 어둠이 내일 여행을 달뜬 보름달로 곱게 단장하
는구나.

# 이모할머니 되다

김도희

　형부와 언니 그리고 흰둥이 누렁이 개 두 마리와 차를 타고 인천에 있는 언니 아들 집에 갔다. 이쁜 아이가 초인종을 누르니 배꼽 인사를 한다.

　머리를 두 갈래로 따고 어찌나 말을 잘하든지 뜨악 놀라기를 여러 번 아이의 생각이 어쩌면 말도 생각해서 하느라고 멈칫댄다.

　화장실에서 소변을 보고 나온 아이는 '난, 이제 세 살 이예요. 그래서 부끄러워요.' 하고 말한다. 몇 살이냐고 물으니 세 살인데 한 달 더 있어야 한단다.

　할머니와 할아버지가 마트를 갔는데 아이는 계란 한판을 사달라고 했단다.

　어느 날, 아빠 엄마가 식탁에 앉아 오늘 계란이 떨어졌어요. 한 말을 기억하고 할아버지가 뭐 사줄까 하니 그 말을 하더란다.

　아이와 놀이터를 나갔다. 그런데 저보다 어린 남자아이가 달팽이 계단을 몇 번이고 오르려다가 다리가 짧아 잘못 올라가서 난 아이보고 먼저 올라가라 말해도 남자 아이가 다 오르고 나서 계단을 딛고 올라 '전 이제 다 컸어요.' 하고 말했다.

세상에 어쩜 다른 아이들은 밀치고라도 먼저 타려 하는데 이 조그마한 아이의 우주는 얼마나 크고 깊기에 이토록 배려할 줄 알고 참고 인내할 줄 아는지 놀라웠다.

엄마가 머리를 따주었는데 할머니, 엄마한테 말하지 마세요. 머리가 쫀쫀해서 많이 아팠어요. 하더란다.

아이는 애 어른 같아서 좋기는 하지만 너무 빨리 성장하는 것 같아서 마음이 한편으로 짠했다.

아버지가 아파서일까? 언니의 큰아들은 장이 안 좋아서 대수술을 하고 죽을 고비를 여러 번 넘겼다. 지금도 병원에 다니고 있다.

아이는 아이답게 커야 하는데 눈치가 빠르고, 생각이 깊다. 지금은 실수해도 되고 철없어도 웃어넘길 수 있는데 빈틈이 없다.

나라가 힘들고 어려우니 서로 믿고 의지하지 못하고 홀로 냉혹한 현실을 커갈 수밖에 없으니 괜찮다. 단단하게 자라서 어디서도 부딪침 없이 잘 살아 내거라. 그렇지만 아이는 아이답게 천진무구하게 자랐으면 좋으련만.

우리 집 뒤란엔 감나무도 커가고 대추도 주렁주렁 달렸을때, 고무줄도 하고 밤늦도록 사방치기와 무궁화꽃이 피었습니다. 유년의 뜰은 아이스럽게 커가던 순 맑은 영혼들의 세상이었는데 요즘은 아이들을 볼 수 없다.

어머니의 젖무덤 사이에서 모락모락 꿈을 길러내던 아이들, 밤이면 화롯불에 밤이며 고구마를 토닥토닥 익혀내며 옛날이야기로 할배의 흰 수염에 노오란 달을 수없이 걸어두었는데, 시소를 타며 산토끼 토끼야, 어디를 가느냐, 불러주어도 '난 그런 것 몰라요.'라고 한다.

학교 종이 '땡땡땡'은 하니 예전에 피아노를 쳤단다. 내가 돈 오만 원을 손에 들려주니 어색해서 어찌할 바를 모른다.

아이들이 돈의 개념을 모르고 과자를 사 먹으려면 카드를 달라고 한단다. 예전에 우리 어릴 때 일원부터 만 원의 돈을 세어가면서 돈놀이를 즐긴 적도 있다. 문방구에서 모형으로 된 가짜 돈을 팔았었다.

아이들의 동심이 없어졌다. 맑고 순수한 해맑은 꿈의 세계와 감성이 길을 잃고 떠돌고 있다.

모진 세상, 비바람 눈보라에 부딪히고 수많은 인생의 폭풍과 소용돌이를 견뎌내고 싸워가면서 인생의 참맛을 느껴갔는데 이제는 머리만 거대하게 커가는 아이들 부모는 한의 골이 너무 깊어서 아이들 세상을 거둬내고 배워야 산다. 못 배우면 큰소리도 못 치고, 빌어먹고 살아야 한다.

부모의 조종 속에서 커가는 세상은 유약한 부분이 많다. 그래서 배웠는데 내가 왜 힘들게 일하느냐 거리에 노숙자들도 박사가 많다. 독일에서는 아이들을 키우며 성장 과

정을 살펴본단다.

그리고 아이가 공부보다 기술이나 다른 분야에 재능이 보이면 아이한테 얘기해준단다. '넌 배움보다 이쪽에 더 재능이 많으니 그걸 키워보면 어떻겠니' 하고 그래서 빨리 기술을 배우게 해준단다.

우리의 현실은 어떤가. 힘든 일은 다 외국인들이 거의 하고 있다. 그리고 사회생활을 하다가 상사에게 야단 많으면 부모가 찾아가서 난리를 친단다.

그것뿐인가 학교에서도 선생이 매를 들고 욕을 했다고 학교에서 자식 앞에서 스승을 무너트린다.

무얼 보고 배우겠는가! 앞길이 희미한 세상, 어기찬 기운보다 힘없어 내가 없고 의존성이 강해진다. 스스로 세계관을 넓히고 사고능력을 키워야 하는데 독립성도 없이 유약한 아이들이 많다.

난 나를 찾아서 여행을 많이 떠난다. 다리도 절룩대면서 고소공포증이 있어 비행기를 타고 다른 나라는 가보지 못해도 한국에 있는 산이며 바다 여러 곳을 다니고 있다. 그러면서 시야를 넓혀간다. 아이들에게 여행이 최고의 산교육인 거 같다.

요즈음, 제대로 된 젊은 부부들은 아이들에게 아이들의 세계관을 많이 넓혀 준다고 한다.

이모할머니의 눈으로 본 손녀는 엄마가 사주는 옷과 장

난감보다, 구청에 돈만 주면 아이들 눈높이에 맞춰서 장난감도 보내주고 아이에 맡게 옷도 사준단다. 세 살은 금방 자라니까 괜찮다며 아이 엄마는 발레를 하는 아이의 신발도 남의 해진 신발을 신고한다고.

이모할머니 눈에 눈물이 고인다. 운동화가 작아서 발이 붉어져 잠든 아이를 보고 집에 돌아와 무척 마음이 아팠다.

아이를 보면서 우리의 우울한 유년을 비추어 보았기 때문에 더했다. 잠까지 설쳐가면서 언니한테 하소연의 카카오톡을 보냈다.

아이에게 자기 옷과 신발이 있고 애착 용품이 있어야지, 어느 날 잠자고 일어나면 장난감 옷 신발이 다른 걸로 싹 바뀌어있으면 얼마나 허무할까! 아이 혼자만 키운다면서 자신이 가져야 할 물건에 대한 애착이 없지 않으냐 했다.

우리의 유년이 아팠으니 아이 유년의 뜰을 걱정해서 밤을 하얗게 세우고 울었다. 자라나는 아이에겐 그것도 괜찮다고 하니 아픈 마음을 쓸어내렸다.

그래, 지금 아이가 뭘 신고 뭘 입고 다니느냐가 중요하지 않고 나중에 철들어서 성장했을 때 좋은 거 자신의 것의 소중함도 일깨워 주면 된다.

"언니야, 고등학교 대학교 갈 때 발레복이나 슈즈가 필요할 때 과감하게 사 주어. 그러면 아이는 할아버지 할머니를 평생 기억할 거야. 그때 내게 발레를 잘할 수 있게 지원해주었다고 감사하다 할 거야. 지금은 좀 참아 애처롭고 안쓰러워도 다음이 있잖아."

형부와 언니 위해 사시미와 초밥을 근사한 곳에 가서 함께 먹으며 아이가 건강하게 잘 자라 주기만을 기도해 주자 하고 말했다.

그리고 세상을 능히 이겨나갈 지혜가 총명하니 그것만으로도 든든하다.

"아이야, 험난한 가시밭이라도 하나님이 널 지키고 보호해줄 거야. 어떠한 고난과 역경에도 단단하고 현명하게 잘 분별하여 살아가거라."

내일도 내일의 태양은 뜬다.

# 김수원

## • 어머니와 회화나무

국제 펜 한국본부 회원. 한국문인협회 복지위원. 불교 문예 부회장. 계간 문예 이사. 계간 문예 서로 다독 부회장, 산림 문학 이사 겸 편집위원. 작품집: 『바람의 순례』 『나는 아직 넘치지 않았다』 등.

# 어머니와 회화나무

작은 방에 문을 살짝 열어본다. 어머니가 편안한 얼굴로 잠들어 계신다. 올해로 백네 살이시다. 저리 편안한 얼굴로 내 집에서 잠드시기까지 얼마나 많은 시간을 함께 애태웠던지….

20여 년 전 이야기다. 엄마 팔순에 아버지가 돌아가셨다. 내게는 위로 오빠가 다섯 명, 당연히 올케도 다섯이었다.

오빠들은 상중에도 유산 얘기로 시끄러웠다. 나는 형제 중에 형편이 제일 어려웠고 아버지 병간호도 도맡아 했기에 내 몫도 있지 않을까 내심 기대했다. 그런데 오빠들과 어머니는 큰딸인 나만 빼고 유산분배를 마쳤다.

나는 너무 억울해서 한마디 했다 "부모님들은 나한테 맡기고 어떻게 딸이라고 상속에서 뺄 수가 있나요?" 오빠들 앞에서 대들기도 어려웠지만, 너무 야속한 마음에 하소연했다.

오빠의 출가외인이란 말이 날아들었다. 나는 입을 닫을 수밖에 없었다. 유산분배가 끝난 후부터 어머니는 오빠 집을 전전했고 수중에 있는 쌈짓돈도 모두 떨어지고 난후, 투명 인간 취급받았다.

나는 어머니의 소식을 조카에게 들었는데도 나를 무시한 오빠와 어머니에 대한 서운한 마음에 참견하고 싶지 않아 모르는척했다.

어느 날 막내 오빠가 찾아와 해외여행 가는데 맡길 곳이 없다며 일주일만 어머니를 맡아달라는 부탁을 했다. 함께 온 어머니의 초라한 모습을 보니 차마 거절하기 어려웠다.

그 후 일주일이 한 달이 되고, 한 달 후에도 소식이 없어 오빠 집에 찾아갔다. 굳게 닫힌 현관문 앞에 놓인 어머니의 짐보따리가 오빠의 심정을 말하고 있었다.

나는 어머니에게 아무 말도 못 하고 집으로 모시고 왔다. 그때부터 어머니는 내가 모셔야 했다. 내 집에 머물게 된 어머니는 아들에게 버림받았다는 걸 느꼈는지 한동안 말씀이 없었다.

어머니 휴대전화를 보면 아들에게 수없이 전화한 흔적이 있었으나 통화한 흔적은 없었다.

어머니는 폭탄이 되었다. 자식들은 폭탄이 된 어머니가 자신들의 발등에 떨어질까 봐 공중으로 쳐서 올리고 서로 밀어냈다.

아들이 곧 데리러 온다는 믿음으로 사셨고, 독실한 기독교 신자이신 어머님은 수시로 하나님께 자식들을 위해 기도하셨다. 그렇게 함께 산 지 20년 이 지나갔다.

그 세월에 년 중 행사처럼 명절 때나 일 년에 한두 번 전화하는 오빠들이었다.

어느 날, 나도 병원에 입원할 일이 있어 "오빠 어머니 좀 며칠 만 모셔주셔요. 어깨 수술해야 한대요." 해도 올케가 치매에 걸렸느니, 오빠가 암에 걸렸느니 하면서 한결같은 말로 내 입을 막았다.

어머니는 습관처럼 내게 말했다. "형제간에 절대 다투지 말라고, 자신의 유언이라고," 나는 그 말을 가슴에 새기며 울컥할 때마다 억울함을 참아내려 했다.

어머니가 구십 세가 되면서 일어설 때마다 무릎 앓는 소리를 내고 잘 걷지 못했다. 허리도 굽고 뒤틀려 힘들어했다. 결국, 기저귀를 채웠으나 기저귀를 채우면 빼서 갈기 갈기 찢어 온 집안이 난장판이 될 때가 많았다.

대 소변을 가리지 못하니 온통 변 냄새로 집안은 겨울바람에도 창문을 수시로 열고 지내야 했다.

하루가 조용한 날이 없었다. "내가 죽어야 하는데 언제 죽냐. 내가 왜 이리 오래 살아 자식들 고생시키고." 정신이 날 때는 나 들으라는 듯 큰 소리로 말했다.

그리고 내가 잔소리하는 건 "귀가 어두워 안 들려", 하며 서로 엇박자로 큰소리 내는 날이 잦아졌다.

치매로 예측할 수 없는 행동을 할 때는 울컥하는 마음에 밖으로 나가야 했다. 한 공간에서 있으면 머리채 잡히는 건 다반사였다.

어머니를 휠체어 태우고 산책하러 가자고 하면 웃음 가득한 얼굴로 좋아하셨다.

아파트 안에 있는 아시아드 공원으로 향했다. 선수들이 아시안 게임 때 입촌식을 한 구월 아시아드 선수촌공원과 전재울 근린공원, 찬 우물 근린공원을 합친 명칭이 인천 아시아드 공원이다. 그리고 이곳에는 명소로 꼽히는 8경이 있다.

어머니는 이 8경을 산책하면서 소녀처럼 재잘거리며 행복해했다. 8경 중에 아시아드 선수촌 공원 만국기 앞에 우뚝 선 550년 된 회화나무가 있다. 한자로는 괴화槐花 나무로 표기한다.

괴자는 귀신과 나무를 합쳐서 만든 글자이다. 회화나무를 사람이 사는 집에 많이 심은 것은 잡귀를 물리치는 나무로 알려져 있기 때문이다.

회화나무 그늘에 앉아 계신 어머니의 검버섯 가득 핀 얼굴을 바라보니 문득, 어머니가 회화나무 같다고 느꼈다, 평생을 자식을 위해 당신 자신을 살피지 않아 몸도 성치 않고 구새 먹은 거죽만 남은 고목처럼 보여 안타까웠다.

옛말에 한 부모는 열 자식을 거느리고 보살펴도 열 자식은 한 부모를 보살피지 못한다고 했다. 어머니가 팔십이 되기 전까지는 며느리들이 서로 모시겠다고 했다. 그러나 어머니가 팔십 세를 넘기면서 정신도 흐려지며 다리를 못

쓰게 되고, 결국 아들 며느리들도 늙고 병들어 오래 사는 것이 피차 고통이 되었다.

우리 집에서 나와 함께한 20년 세월에 아들을 세 명이나 저승으로 보냈으니 백수를 누린다는 것이 어려운 일임을 느낀다. 오빠를 앞세우고 우울증으로 정신이 흐려진 어머니였다.

고생하고 사는 딸이 늘 마음에 걸린다고 하셨던 어머니, 마음의 한을 풀어 드리고 돌아가시기 전까지 잘 모시고 싶었다.

"이제 너 잘사는 거 봤으니 죽어도 여한이 없다."라고 되뇌시는 말씀에 나의 효도가 부족함을 깨닫는다.

이젠 오빠들과 유산분배에 대한 서러움도 내려놨다. 삼종지도를 지킨 어머니의 미운 마음도 다 잊었다.

오빠 세 명을 잃고 저물어 가는 어머니 모습을 보니 인생사가 무상하다는 생각이 들어 마음에서 미운 생각을 다 놓아버렸다.

아들에게 속을 다 퍼주고 빈 고동처럼 떠다니며 내게 날개를 접으신 어머니, 삼종지도를 지키며 사는 것이 삶의 철칙이었기에. "딸에게 노후를 의지하게 될 줄 꿈에도 몰랐다고" 울먹이신다.

나는 어머니에게 새끼손가락을 걸고 약속했다. "어머니 돌아가실 때까지 내가 잘 모실게요. 장례식도 최고로 화려하게 치러드릴게요. 나를 믿고 오래오래 살아주셔요"
우리는 서로 손가락을 걸며 눈물 흘렸다.

회화나무는 구새 먹은 가슴으로 새의 둥지가 되고 누군가의 그늘이 되어 마을을 자식처럼 굽어본다. 바람에 흔들리는 나뭇잎의 속삭임을 듣는다. 나뭇잎들의 수런거림이 적막 속에 묻힌 숲을 깨운다.

나뭇잎에 뛰어올라 흔들리는 햇살을 물끄러미 바라보는 어머니. 젊은 날을 그리워하는 고운 새댁의 모습이 보였다. 나는 이런 행복을 오래도록 지켜주고 싶은 마음이 들었다.

결국, 언젠가 내 모습이 될 거라는 생각이 들었다. 손뼉을 치며 "찔레꽃 붉게 피는 남쪽 나라 내 고향" 노래를 흥얼거리는 어머니를 바라보며 함께 하는 이 순간이 보석 같은 시간임을 느낀다.

얼마 남지 않은 시간을 행복하게 해드리겠다고 스스로 다짐하며 바람이 파고드는 어머니의 옷깃을 단단히 여며주었다.

한결문학회
늘 한결 같이

# 장동석

- 아! 우리 父母님
- 정선 기행

한국문인협회 이사, 세계시문학회 이사, 한국산림문학회 이사, 서울특별시 시우회誌 편집주간, 문학人신문 선임기자, 한국문인협회 구로지부 12, 13대 회장 역임, 한국예술문화단체총연합회 서울시 구로구지회장 시 집 :『구로동 수채화』『바다의 악보』『물 위에 쓰는 詩』『쇠똥구리 같은 세상』『허수아비의 찬가』등 숯 12권 수필집 :『태양이 있는 밤에』『공자 曰 맹자 曰』外 多數.

# 아! 우리 父母님

장 동 석

　지금은 두 분이 다 돌아가셔서 한 분도 안 계시지만, 나는 이따금 살아 계실 적 부모님 생각하면서도 못다 한 불효와 함께 아프게 가슴 가득히 절여 오는 그리움을 어떻게 주체할 수가 없다.

　아버지와 어머니, 두 분이 서로 '人'자 모양으로 버팀목이 되어 함께 사셨는데, 어느 날 갑자기 아버지父께서 무너지자 어머니母마저도 여지없이 무너지기 시작했다. 이것이 어인 청천 하늘에 날벼락이란 말인가! 그야말로 하늘이 무너지고 억장이 깨지듯 믿을 수 없는 일이었다.

　여기 천지간에 생 고아가 된 아픈 심정으로 내 영혼의 슬픈 자락 같은 두 분의 살아생전의 모습을 떠올리며, 내 가슴 언저리에 응어리져 남은 애틋한 그리움 하나하나 반추해 보기로 한다.


　그러니까 두 분이 모두 돌아가시기 전 일이다. 내가 오랜만에 고향을 찾았다가 돌아가는 길에 시골집 1층 현관 밖 잔디밭까지 내려오셔서 힘없이 손을 흔드시던 두 분의 모습이 지워지질 않는다. 차가 떠날 때까지 한참을 바라보시던 그 옆으로 흐드러지게 핀 벚꽃과 개나리가 부모님의 뒷모습을 더욱 쓸쓸하게 만드는 것 같아 얼른 고개를 돌리고 말았다.

언제나 늘 곱고 당당하시던 두 분의 모습은 간데없고, 저렇게 안쓰러운 모습이 한참 피기 시작한 봄날과는 너무도 어울리지 않았다. 지난번에 올 때까지만 해도 지척에서 봄을 느꼈었는데, 이런 광경을 보게 되니 설움에 겨워 봄날이 왜 이리 야속하기만 했었는지 모른다.

그 당시 아버지는 고희古稀를 훨씬 넘긴 일흔일곱이시고, 어머니는 세 살 적은 일흔셋이 되셨다. 옛날엔 육십만 되도 오래 장수하였다고 하였으나 지금은 세월이 변하여 여든八旬은 물론 백 세까지 살아야 장수하였다고 한다. 그런데도 두 분은 갈수록 기억력이 점점 쇠퇴하고 거동도 불편하여 동네 마을은 물론 바깥출입도 못 하셨다.

원래 아버지는 형제 중 막내로 태어나서 위로 친형님들은 모두 돌아가시고, 먼 당숙 되는 한 분만이 살아계셨다. 또 어머니도 맏딸로 태어나 외삼촌이 먼저 돌아가셔서 이모 두 분이 살아 계시고 있었지만, 주위의 가까운 친구 한 명도 없이 두 분 모두 외롭게 지내셨다.

그렇다 보니까, 전화로 회포를 풀거나 안부를 전하고 싶은 친척이나 친구마저도 없으니 곁에 자식들이 있다고 한들 어찌 형제나 친구들과 묵은 정을 나누는 것만 하겠는가? 아마 부모님이 가장 견디기 어려웠던 것이 외로움일 것이다. 하기야 함께 허접하게 살아온 지난날의 여정도, 세월의 무상함에 대한 푸념도, 같은 동시대를 살아온 이들만이 나눌 수 있는 깊은 대화일 것이다.

우리 부모님은 3남 3녀를 낳으셨으나 둘째 딸이 약 20년 전에 교통사고로 죽고 시골집에서 두 분만 살고 계셨다. 큰아들인 내가 자주 찾아봐야 도리였겠지만, 그러지도 못하고 그저 아들딸이라야 명절이나 생일 때만 찾아뵙는 것이 고작이니 얼마나 외로웠을까? 몇십 년 전만 하여도 아들딸과 함께 여름 피서도 가시고, 여행을 떠나시기도 하셨으나 돌아가시기 전에는 덕산 읍내 장에 갔다 오시는 것 외엔 두 분이 바깥출입이 전혀 없으셨다.

人生은 空手來空手去 라더니, 평소 열심히 살아오신 두 분인데, 누구나 점점 나이가 들수록 어느 순간 모든 것을 다 버리고 돌아가야 한다는 이치가 너무 안타깝다는 생각이다. 이것은 너무 가혹한 자연의 순리가 아니겠는가? 인간이 태어나서 한평생 영원히 살아가는 것 같지만, 人生無常 삶의 회의懷疑을 느끼는 순간에는 모든 것을 초월해 버리고 묵묵히 삶을 관조하며 살아가는 것이다.

우리 부모님도 이런 날들이 이렇게 일찍 오리라고는 생각지 못했다. 장남인 나에겐 항상 엄격하시고 어렵기만

한 아버지였기에 마주 앉아 술이나 담배를 피울 수도 없었을 뿐만 아니라, 마주 앉아 농담도 할 수가 없었다. 더군다나 한 번도 덕산 읍내에 있는 온천에 가서 등도 밀어드리고 안마도 해 준 기억이 한 번도 없다.

아버지는 잘생긴 외모에 노래도 잘 부르시고, 장구 치는 솜씨가 일품이어서 아마 내놓으라 하는 기생집에서도 인기가 최고였던 것으로 기억한다. 어릴 적 언제였던가, 그런 아버지를 의심이라도 하였는지 어머니께서는 나와 함께 그 기생집으로 찾아간 적도 있었다. 그곳에 도착하니 술에 취한 여인들의 간드러진 웃음소리와 함께 아버지의 구성진 노랫가락이 흘러나왔다.

이런저런 광경을 목격한 어머니는 화가 나셨는지 날 더러 아버지를 불러내라고 하셨다. 그때 문득 아버지의 엄하신 호통과 함께 잔뜩 화난 표정이 떠올랐지만, 나는 거역할 수가 없었다. 그날 두 분은 집으로 와 한바탕 부부싸움을 하더니 며칠째 별거 상태로 돌입하셨으나, 며칠 후 다시 화해하고 일상적인 생활로 돌아왔다.

원래 시골 출신인 아버지는 농촌에서 논과 밭농사를 경작하셨지만, 부업으로 집을 짓는 목수 일하셨다. 아랫마을에 있는 초등학교도 윗마을에 있는 마을회관도 다 아버지가 직접 설계하여 축조한 건물들이다. 나는 그런 아버지가 멋지고 훌륭하게 느껴졌다. 지금은 내 밑의 둘째 아들이 그 솜씨와 재주를 물려받아 아예 직업으로 전환하여 건축일을 하고 있다.

　오래전에 그 목수 일을 그만두셨지만, 톱과 망치 등 연장을 들고 집안 곳곳에 수리하시고, 단장을 하시는 모습은 정말로 멋있었다. 그러시던 아버지가 그 당시 읍내 덕산장에도 안 가시고, 그리 좋아하던 술 한 잔도 입에 대지 않으시며, 이젠 기운이 없어 그런지 소파에 앉으면 TV를 보다가 말고 주무시기가 일쑤였다.

　비록 중등교육도 못 다닌 학벌인데도 우리나라 전통문화는 물론 정치나 경제에 대하여 그 누구보다도 해박하고 박식하셨던, 우리 아버지…! 언젠가 동남아 여행을 다녀오셔서는 "돈만 있으면 한국이 다른 나라보다 훨씬 살기가 좋다."고 말씀하셨는데, 몇 년 후 기억력이 희미해져 아들의 전화번호도 잊으셨다. 어쩌다 한 달에 한 번 시골집에 내려와서 그런 아버지를 뵙는 것이 마음 아플뿐더러 저 흘러가는 세월이 야속하기만 하였다.

　내 아래 동생인 둘째 아들이 인근 예산에 나가 살면서 하루에 한 번씩 들러 어디 불편하신 곳이 없으신지? 아니면, 식사는 잘하고 계시는지? 보살피는 게 전부다. 내가 서울에 직장을 둔 연유로 같이 살자고 하면, 자식 고생시킬까 봐 싫다고 하셨다. 그렇다고 자주 찾아뵐 수도 없는 처지인지라 어쩌다 한번 찾아뵙고 돌아올 때면 가슴이 아팠다.

어머니는 여걸 같은 풍채에서 흘러나오는 후덕한 인품에다가 원래 욕심이 남보다 많으신지라 조그만 것도 아끼면서 매우 검소하게 사셨다. 워낙 젊어서부터 부지런하여 낮에는 밭에 나가 일하시고, 밤이면 베틀 앞에 앉아 옷을 짜서 우리 육 남매를 잘 키우셨다. 그러면서 한푼 두푼 돈을 모아 논과 밭을 장만하는 등 재산 늘어나는 재미에 푹 빠져 사셨다.

그러한 어머니는 자손 욕심도 많으신지라, 그 옛날 큰아들인 내가 내리 딸만 둘 낳고 아들 낳을 생각을 안 하자 큰 며느리인 아내에게 "애야, 큰아들 뒤통수가 왠지 쓸쓸하구나! 아예 아들은 안 낳을 작정이냐?"라고 은근히 손자를 기다리기라도 하는 듯 호되게 나무라셨다.

그러시던 어머니가 오랫동안 혈관 심막경색증으로 고생하셨다. 한번 쓰러진 뒤로 서울 K 병원에서 3개월마다 주기적으로 진단받으셔야 했고, 그 진단 결과에 따라 약을 조재 해 조석으로 약을 복용 하셨다. 어느 때는 얼마나 고통스러운지 "나 약을 먹지 않으면 안 되겠냐? 이제 뭐 살만큼 살았는데, 자꾸 약만 먹으면 뭣 하겠냐?"라며 건강을 잃으니 삶에 대한 의욕도 잃으셨는지 아니면, 힘들게 살아가는 아들이 안쓰러웠는지 도무지 분간할 수 없는 넋두리하시기도 했다.

이제 와 되돌아보니, 세월은 무상하게 흘러 우리 아버지 어머니의 큰아들인 나도 머리가 훤하게 벗겨지고 이마엔 주름살이 늘어만 가는데, 점차 늙어가는 아들의 모습을 바라보고 계시는 우리 부모님의 심정이야 얼마나 괴롭고 답답하셨으면, 그런 말씀하셨는가 싶어 아직도 가슴이 아프게 저려온다.

아닌 게 아니라, 그 당시 나도 어느새 직장에서나 어떤 모임에서도 나이가 많이 먹은 쪽에 속했다. 어쩌다 동창들을 만나기라도 하면, 서로 살아가는 이야기와 함께 건강에 빨간불이 켜졌다는 하소연뿐이었다. 술과 담배를 오래 피우다가 보니 고혈압이 어떻고, 당뇨병이 어떻고, 하면서 너나 할 것 없이 목청을 높이게 된다.

이제 예순 살을 갓 넘긴 주제에 "저물어가는 세월이 허무하고 인생이 무상하다."라고 하는 대화에 젖어 있다가도 나는 소스라치게 놀라 가슴을 여미게 된다. 내 나이가 벌써 외롭고 허무하다고 한다면, 그 당시 이미 고회를 훨씬 넘기신 우리 부모님의 심정은 어떠했을지 마음을 헤아리게 된 까닭이다.

오늘 아침 창밖을 바라보니 온 천지가 봄 물결이다. 온 길거리에 하얀 벚꽃과 개나리가 울긋불긋 부푼 꽃망울을 터트리고, 꽁꽁 얼어붙었던 들녘에도 초록빛으로 물들어가고 있다. 이렇게 온갖 산천초목이 다시 봄을 맞을 기분으로 들떠 있는데, 돌아가신 우리 부모님도 저세상에서 다시 한번 봄을 맞을 날을 기다리고 계시는지, 왠지 초조한 마음으로 궁금증만 더해간다.

각설하고, 나는 우리 부모님을 위해 그 당시 매일 출근길 전철에서 "오랫동안 그저 건강하게 천수를 누리시길 빕니다."라고 늘 마음속으로 간절히 기원하곤 했었다. 그런데도 아버지는 일흔일곱의 나이에 위암 2기 진단받고 점점 병이 호전되는가 싶더니, 병원에 입원하신 지 불과 한 달 만에 불귀의 객이 되셨다.

그 후로 아버지 돌아가신 지 불과 4개월 15일밖에 되지 않았는데, 봄 고향 뒷산에 벚꽃과 개나리가 피기도 전에 일흔네 살밖에 안 되신 어머니마저 먼 하늘에 붉은 노을을 그려 놓고 서둘러 당신 가신 길 따라 멀리 하늘나라로 돌아가셨다.

비감한 정한情恨, 이승의 산전수전을 다 몸소 겪으시고 흰 옷자락을 여민 채 아! 그렇게 일찍 돌아가시다니…. 하늘도 무심하고 땅도 야속할 뿐이다. 천붕天崩이란 말이 바로 이럴 때 쓰는 말이라는 것을 비로소 깨닫게 되었다.

# 정선 기행

장 동 석

　이른 아침 7시부터 우리 일행을 태운 관광버스는 영동 고속도로를 한참을 달리다가 국도를 쏜살같이 돌아 정선을 향하여 달리고 있었다.

　강원도 산골짜기 푸른 계곡이 날렵하고 맑은 강물이 깊은 사연을 안고 흘러가는 곳, 이곳에서부터 가리왕산을 끼고 산세가 수려하고 청정한 수목들이 빽빽이 들어찬 애달픈 아우라지 전설을 안고 말없이 흘러가는 곳이다.

　태백산을 중심으로 우측으로는 조양강이 흐르고, 좌측으로는 동강이 굽이쳐 흘러가는 철 따라 싸리꽃이 피는 오지마을- 우리에게 하나의 신비로운 대상으로 다가오는 한 폭의 동양화 같은 천혜의 비경과 아우라지 골짜기를 흐르는 맑은 강물까지도 별유천지別有天地로 느껴지는 것은 당연한 일이었다.

　우리 일행은 우선 정선 5일장에 들러 곤드레 비빔밥 한 사발씩을 뚝딱 먹어 치우고, 시골 냄새가 가득한 시장 주변을 둘러보았다. 인근 민둥산에서 뜯어온 신선한 산나물과 약초 등을 구경하고, 삼색 감자떡과 황기 등 약초를 넣어 만든 올챙이국수도 맛을 보았다. 다시 강원도 정선 읍내를 빠져나와 남쪽으로 깊은 산간 오지마을로 피곤함을 잊은 채 버스는 쉼 없이 달렸다.

먼저 태백산 끝인 사북 탄광지역을 찾았다. 이 지역은 다른 곳에서도 흔히 볼 수 있는 시골의 소박한 도시 정도로 아담한 마을인데, 이젠 석탄산업의 폐허로 다른 점이 있다면 광산지역이기 때문에 새까만 낯선 빛깔로 우리 일행을 맞아 주었다. 우리가 더욱 놀란 것은 울타리가 전혀 없다는 것이다. 울타리가 있어야 할 곳에는 흑염소 몇 마리가 한가히 풀을 뜯고 있을 뿐이다. 그리곤 오후 한낮의 햇살에 덮인 두위봉과 까만 검댕이 흉상으로 내던져진 사북역 앞에 있는 빈 석탄 화물차량만이 처량히 멈춰 서 있다.

아무도 찾아와 주지 않는 이 고요한 적막, 그것은 바로 오늘날 사북 탄광지역의 흥망성쇠와도 같은 것이리라. 석탄 사용량의 감소로 인하여 점점 사양길로 접어들자 하나둘 떠나간 광부들의 손때가 묻어 있는 것이다. 이런 광부들의 애달픈 사연을 굳게 닫힌 주막집은 알고 있는지, 막걸리 한 사발에 넘쳐흐르던 그들의 인정과 애환, 그리고 삶에 대한 강한 의욕들이 새롭게 되살아나는 듯하다. 그 모든 것들을 빼앗아 버린 듯 음산한 거리와 꽉 닫혀 있는 점포의 문짝이 바람에 흔들릴 뿐, 다 찌그러진 채 남겨진 간판만이 멀리서 온 우리 일행을 썰렁하게 맞아 주었다.

다시 또 관광버스를 타고 조선 영조 때 산수 화가인 정선 겸재가 아름다움에 취하였다고 소문난 화 암8경을 둘러보았다. 신이 빚은 절경이라 불리는 화 암8경은 화암약수를 포함하여 거북바위, 용마소, 화암동굴, 화표주, 소금강, 물운대, 광대목이 있으나 우리 일행은 시간 관계상 다 볼 수 없는 노릇이라 우선 화암약수로 가서 탄산수와 같이 짜릿한 약수로 갈증을 달래고, 화암동굴을 찾아 일제 강점기 때부터 금 채취하는 과정과 신비하게 생긴 종유석을 둘러보고 감탄사를 자아냈다.

　우리 일행이 가장 많이 가보고 싶은 명소로 꼽았던 아우라지 강변에 도착한 것이 오후 3시경이었다. 강원도의 한 맺힌 〈정선아리랑〉의 발상지로 더욱더 알려진 곳, 태백산에서 발원한 송천松川과 멀리 골지천骨池川에서 흐르던 물이 한데 어우러지는 여울목을 가리키는 것으로 애틋한 아라리 전설이 흐르고 있는 곳이기도 하다. 이 아우라지를 사이에 두고 싸리골 마을 동박 총각과 건넛마을 여랑 처녀가 서로 사랑을 나누었는데, 어느 날 장대비가 쏟아져 큰물이 나는 통에 나룻배가 뜰 수 없게 되자, 큰 강물을 건너던 처녀가 물살에 휩쓸려 그만 안타깝게 죽었다는 슬픈 사연이 있다. 지금도 그 강 건너 여랑 처녀 동상과 아우라지 비碑가 세워져 있어 그 아픈 전설을 들려주고 있는 것 같았다.

이 뭉클뭉클한 〈정선아리랑〉에 얽힌 사연이 어찌 그뿐
이겠는가? 이 강물 줄기가 조양강을 돌아 흘러서 영월에
서 동강이 되고, 경기도 여주에 이르러서는 남한강이 된
다고 한다. 또 양수리에서 북한강이 합쳐져 서울의 한강
으로 이어지니 이 강줄기에 의존하여 삶을 살아간 태백산
뗏목꾼들의 애환과 함께 동고동락하였을 밧줄에 동여매
진 뗏목이 그 당시 그 상황을 그대로 보여주는 듯하였다.

그 어느 곳에 가든지 우리 서민들 삶의 애환이 서려 있
지 않은 곳이 어디 있겠느냐마는 험준한 계곡과 푸른 물
살을 헤쳐 가며, 그야말로 생과 사生死를 넘나들었을 그 뗏
목꾼들을 생각해보니, 한편 측은하기도 하고 숙연해지는
마음을 갖기도 하였다. 지금도 이쪽과 저쪽 마을을 하나
의 밧줄에 의지하여 이어주는 나룻배 한 척이 떠 있다. 그
배를 젓는 백발이 된 영감님은 서글픈 삶의 아우라지 전
설을 그대로 들려주고 있는 듯하다. 그 비슷한 삶들이 아
우라지 주변에 예나 지금이나 별반 다름없이 이어지고 있
다는 느낌을 받을 수밖에 없었다.

우리 일행이 맨 마지막으로 찾아간 곳이 정선문화원에
있는 소극장 아라리 공연장이었다. 이 고장 출신인 유영
란 소리꾼을 비롯해 김나기, 김형로, 김길자 등이 불러주
는 '아우라지 뱃사공아 배 좀 건너 주게 싸리골 올동박이
다 떨어진다.'로 시작하는 〈정선아리랑〉은 강원도 무형문

화재 제1호로 지정된 지가 꽤 오래되었다고 한다.

이 창극을 두 소리꾼이 맞받아 넘기는 구슬픈 가락을 듣고 있자니, 우리 민족의 정한情恨의 바탕을 이루고 있는 애달픈 한恨의 정서가 나에게도 알게 모르게 가슴 깊이 저며 오는 듯하였다. 비록 창극으로 꾸며진 상설 공연이었지만, 넓은 백사장을 배경으로 따가운 조명 빛이 쏟아지는 강변 무대에서 약 30분간에 걸쳐 이어지는 정선 사람들의 열연은 대단했다. 더욱이 아라리에 대한 애틋한 사랑과 저 뗏목꾼들의 한을 그대로 옮겨놓은 듯 이어지고 있어 많은 관람객으로부터 뜨거운 박수갈채를 받았다. 물론, 흐르는 강 물줄기에 지난날의 과거의 애달픈 사연들은 이미 사라진 지 오래다. 그러나 한강으로 떠나는 저 뗏목꾼들이 무사히 다녀오길 기원하는 아낙네들의 눈물 어린 생이별의 나루터 장면- 그 당시 그 실태를 그대로 떠올리기 충분하다.

그야말로 강원도 정선 땅 어디를 가나 울창한 푸른 숲과 맑은 공기와 함께 기암절벽이 곳곳에 우뚝 솟아있고, 또한 많은 사연이 담긴 문화유적들이 이곳저곳 널브러지게 펼쳐져 있지만, 우리 일행은 그곳을 다 돌아볼 시간이 없는 것이 못내 아쉬움으로 남을 뿐이었다.

"아리랑~ 아리랑~ 아라리요, 아리랑 고개로 나를 넘겨

주게

　눈이 올려나 비가 올려나 억수장마 질려나

　만수산 검은 구름이 막 모여든다

　아리랑~ 아리랑~ 아라리요, 아리랑 고개로 나를 넘
겨주게"


　이같이 천년의 소리 한민족의 혼이 담겨 있는 뭉클뭉클
한 아리랑 가락 속에 가장 한국적인 것을 발견할 수 있는
곳이 바로 정선 아니겠는가? 그러기에 옛 문화와 정서가
한데 어우러진 〈정선아리랑〉한 소절쯤은 누구나 다 부를
수 있게 되기를 기원하며 우리 일행은 서울로 향하는 버
스를 타고 돌아오고 있었다.

소설 小說

에세이

평론

서평

- 최대락
- 허여경
- 정동진
- 김수원

# 최대락

## - 소설 -

## • 낯설지 않은 기다림

현대작가 소설등단, 한비문학 시. 수필, 경희대학교 졸업, 제12회 대한민국 문학예술 대상 수상. 한비문학 대상 수상, 볼프강 본 괴테 작가상 수상, 어니스트 헤밍웨이 베스트작가대상 수상, 프랑스 파리 폴 발레리 작가 대상 수상, 현대작가 소설상 수상, 대한민국 시인 대전 순수시 대상 수상, 한비문학협회 서울지회회장, 코로나 극복 공모전 최우수 문학상 수상, 경희대학교 경희문인회원, 한국문인협회 회원. 한국소설가협회회원, 관악문인협회 부회장.

# 낮설지 않은 기다림 (구조조정 퇴직자의 고충)

최대락

민국은 이른 새벽 일어나 작업복을 챙겨 빌라 신축 현장으로 달렸다. 한 달째 현장으로 출근하고 있었다. 그동안은 비가 오거나 현장 일이 없을 때 제외하곤 오늘이 마지막 현장 출근이고 월요일부터 농수산물 도매센터로 출근하는데 그동안 현장에서 그가 성실하게 일하는 모습을 보며 운 좋게, 채용한다는 연락을 받았다.

마치 그곳 대표가 그가 근무했던 은행 대출부서에서 관련 관계로 맺어진 인연으로 합격했다. 사람이란 모르는 일이다. 여기서 만나다니 인복은 있는 것 같다.

이곳 지방으로 삶의 터전을 마련한 것은 두 달 전에 하숙집과 월세 계약하고 어제 집에 여러 생필품을 챙기기 위해 집에 다녀왔다.

아내와는 일 년째 별거하고 있어서 낮을 이용 아내 출근으로 인해서였다. 거기다 설상가상으로 은행에서 구조조정으로 인하여 명예퇴직 상태였다. 그렇다고 정리해고 아니지만, 해고는 해고였다.

퇴직금을 일시금으로 은행에서 월 생활비로 받는 조건

으로 나왔기에 아내한테는 이야기 안 했다. 그는 다음 달이면 해외 지점장으로 발령 날 거라는 소문이 파다했기에 심하게 갈등하고 있었는데 그보다 먼저 은행 해외 매각이라는 초유의 사태가 발생했다.

하루 하루아침에 구조조정에 따른 인원 작업하고 있다는 본부에서 연락이 왔다. 그도 포함됐다는 것이다. 여기서 구조조정과 정리해고는 차이가 있다.

구조조정은 회사가 비교적 자유롭게 할 수 있지만, 정리해고는 까다로운 법적 절차를 반드시 지켜야 하기에 근로자에게 불이익을 주는 변경 사항이 있다면 사전통지를 해야 하고, 노사협의회에서 협의해야 하며, 심각한 변경의 경우 근로자의 동의를 받아야 해서 그 길을 택했다.

민국은 굳이 이런 이야기 꺼내서 스트레스를 줄 필요가 없기에 스스로 아이들 둘이 대학생이라 잘 다니고 있었고, 아내는 인근 마트에서 계산원으로 근무한다.

별거 후 시간이 지나다 보니 그는 이제는 일용직 현장에서 작업하는 것이 언뜻 보기에는 편한 것 같지만, 육체적 고통이 심하다.

오후 5시가 돼서야 퇴근해서 하숙집으로 도착하면 만신창이가 된 느낌이다. 피곤해서 일찍 잠이 들었는지 휴대전화가 울린다.

"여보세요, 지혜 아빠, 거기 어디예요."

"그걸 왜 물어요, 전화를 다 하고 무슨 일이요."

"엊그제 작은아이가 친구들과 성북동에 갈 일이 있어 은행에 들렀는데, 당신이 6개월 전에 퇴직했다는 이야기를 듣고 한걸음에 달려와 밤새도록 아이들과 이야기했어요."

"그렇소, 우리 은행이 외국으로 넘어가는 바람에 인원 구조조정이 있어 차장급부터 우선 대상으로 내가 잘렸소, 하지만 큰아이 대학 등록금은 걱정하지 말아요."

"이따가 퇴근 후 찾아갈게요."

"아니요, 올 필요가 없어요, 당신이란 사람을 도저히 이해하지 못해요."

"하여튼 이따가 연락할게요."

민국은 전화 끊고 나니 속이 불이 난다. 아내의 사건으로 인하여 별거를 택했다. 사건의 전모는 1차와 2차로 인하여 가정이 와해하었다.

아내가 산을 좋아하고 성격이 쾌활해서 산행을 자주 하다 보니 어느 날인가, 그녀는 뭉쳐 다니는 친구들과 자주 산행했다.

그러던 날 하루씩 자고 돌아오더니 2박 3일은 보통이 이어서 몇 번 경고와 주의도 요지부동搖之不動 결국 흥신소와 후배를 시켜 아내의 뒤를 쫓다가 현장을 목격하고도 당장 이혼하고 싶어도 아이들의 간곡한 부탁으로 별거를 택해 이곳으로 내려오게 되었다.

사건 시작은 이렇게 되었다.

명문 S대 출신의 대기업 재무팀 과장이었던 아내는 맞벌이로 아이들이 연년생 남매가 고등학교 다닐 때, 그 당시 회사 사정으로 인하여 직장을 그만두고 이후 전업주부가 돼 우울증이 생겼다.

아이들 대입고사 때문에 신경이 곤두섰던 아내는 이를 치료하기 위해 주말마다 등산 가겠다고 선언했다. 그는 아내의 치료를 위해서라면 등산 좋다고 허락하였다.

그러나 묻지 마, 등산에 가입 후 또래 친구와 어울려 외박은 기본이고 다녔던 회사 근처의 찜질방에 옷가지 등을 넣어놓고 갈아입고 다녔다.

어느 날 민국은 아는 친구로부터 그의 아내 행동이 의심스럽다고 알려주었다. 그날 밤 아내의 소지품을 검사했다.

등산 다니는 아내의 옷에서는 땀 냄새가 전혀 나지 않았고, 등산 가는 날이면 위아래 세트로 야한 속옷을 챙겨 입고, 이어 평상시 안 하던 화장도 진하게 하고 화려한 모습으로 외출한 아내는 귀가할 땐 몰골이 말이 아닌 모습으로 진한 담배 냄새까지 풍겼다.

심지어 피임 도구에 대해서 아내는 "친구가 장난으로 준 거다. 지갑에 넣고 다니면 부자 된다고. 지갑은 왜 뒤지냐? 의처증이냐?"라고 되레 버럭버럭했다.

민국은 아이 둘 낳고 정관 수술로 삼십 년 동안 피임이란 가당치도 않았다. 그날 아내는 평소와 같이 등산 갔다 온 뒤 샤워하러 간 아내의 휴대전화가 울린다.

휴대전화를 집어 들었다가 어떻게 알았는지, 뛰쳐나와 화를 낸다.

"아니, 왜 남의 핸드폰을 당신이 받아요."

"보면 어때, 뭐 남의 핸드폰? 내가 남이냐?"

"전화를 당신이 왜 받냐고, 정말 성질나네."

"아니, 이 사람 미쳤나, 왜 그렇게 민감하냐, 뭐 찔리는 것이 있냐."

이때부터 그는 아내의 불륜을 의심해서 탐정단과 함께 뒤를 밟았고, 산속 모텔에서 모르는 남자와 만나는 현장을 덮쳤다. 아내는 적반하장 막 나간다.

"그냥 등산 친구다. 친구랑 커피 마시고 밥 먹는 건데 이제 안 하겠다. 그래도 못 믿겠으면 어쩔 거냐? 자식 둘이나 낳아놓고 이혼이라도 할 거냐?"

화를 낸 뒤 가출했다. 지난해에는 그는 연락이 닿지 않던 아내로부터 납치당했으니, 돈을 보내 달라는 다급한 전화를 받았다. 납치범은 아내를 살리고 싶으면 1,000만 원을 보내라고 했다.라고 토로했다

알고 보니 이는 남편에게 돈을 뜯어내기 위해 벌인 아내의 자작극으로 드러났다.

더욱 충격적인 것은 아내가 산을 찾은 진짜 목적이 불륜

이 아닌 '카지노'였다는 사실이었다. 아내는 거기다 도박에 중독돼 카지노 근처 모텔에서 합숙까지 하며 매일 출퇴근을 반복하고 있었다.

심지어 아내는 적금, 청약통장을 깬 건 물론 카드론, 사채까지 써 도박 빚은 오천만 원에 달했다. 그뿐만 아니라 아내는 돈을 많이 딴 남자들에게 접근해 칩을 받는 대가로 잠자리하는 일명 '쪽박 걸'이 돼 앵벌이 행위까지 하고 있었다.

이 방법이 안 먹히면 대리 베팅하거나 자리를 맡아주는 대가로 칩을 받고 있었다. 민국은 아내의 뒤치다꺼리를 하고 모든 걸 해결해 주었다.

아이들을 생각해서 기다림에 익숙한 그는 한 번은 믿어보자는 마음에서 다시는 앉겠다고 각서까지 쓰고 2년을 잘 버티었다.


잠잠하던 아내는 그로부터 4년 후 또, 다시 다른 사건이 터지고 말았다. 친구로부터 아내의 행동이 수상하다며 제보받았다.

그는 만감이 교차하다 그 버릇이 또 돌았는지 우선 확인부터 중요해서 그 친구한테 확인 요청했다. 우연히 수도권 공사를 수주하고 공사 2일째 그 친구가 모텔 인테리어

공사를 하던 중 아내가 모텔에서 혼자 나오는 것을 목격하고 그 친구가 아내를 잘 알기 때문에 지켜보니, 뒤따라 들어오는 남자는 민국이 아닌 모르는 남자였다.

그는 제보받고 이제는 끝이라고 마음을 정리한다. 그날 밤 등산을 다녀와서 이번에는 대학교 후배가 운영하는 탐정단(흥신소)에 문의해서 그날 이후 민국은 아내의 행적을 살피기 위해 탐정단에 사건을 맡기게 되었다.

아내 뒷조사는 철저한 보안 속에 진행하였다. 흥신소의 배우자 뒷조사는 어떻게 진행될까? 궁금하기도 하고 후배 사장 말에 의하면, 흥신소의 배우자 뒷조사는 의뢰인이 제공한 정보와 배우자의 행동 패턴을 기반으로 맞춤형 조사를 진행한다고 한다.

주요 과정은 초기 상담에는 의뢰인과의 상담을 통해 조사 대상자의 기본 정보(이름, 주소, 직업, 주요 행동 패턴 등)를 수집하고 추적 및 감시. 의심스러운 행동이 자주 발생하는 시간대와 장소를 중심으로 배우자의 일상을 감시하며 필요에 따라 사진이나 동영상 등의 증거를 확보하고 결과 보고는 의뢰인에게 조사 결과를 상세하게 보고하며, 필요한 증거를 제공하고 만약 법적 절차를 고려하는 경우, 그에 맞춰 필요한 자료를 준비해 준다.

흥신소를 선택할 때는 단순히 비용만을 고려해서는 안 되고 신뢰할 수 있는 곳을 선택하는 것이 무엇보다 중요하고 흥신소는 다년간의 경험과 신뢰를 바탕으로 의뢰인의 상황에 맞는 최적의 서비스를 제공하고 있어 무엇보다도 의뢰인의 개인정보와 프라이버시를 철저히 보호하며, 모든 조사는 법적인 테두리 내에서 안전하게 진행하며 흥신소는 배우자 뒷조사 비용이 부담스러울 수 있기에. 흥신소에 사건을 맡길 때는 신중해야 한다.

민국은 그만큼 확실한 해결책을 제공해 주기 위해 노력하고 있고. 의심을 해소하고, 확실한 증거를 확보하고자 후배 탐정단과 계약하기에 이르렀다.

그의 후배가 운용하는 흥신소를 택한 것도, 투명하고 비용에 있어서 정확하므로 택한 것이다. 일반적으로 단기 조사 (200만 원 내외), 중기 조사 (300만 원) 장기 조사 1주 이상은 400만 원 이상이 소요될 수 있어 이는 평균적인 기준이며, 구체적인 상황에 따라 달라질 수 있기에 이혼은 아니더라도 증거를 정확하게 확보해 주는 조건으로 민국은 300만 원에서 인센티브 즉 성과급을 지급하기로 하였다. 이것은 지난번의 사건에서 교훈을 얻었기 때문이다.


이 사실을 모르던 아내는 일요일 오후 평소와 같이 시내 버스에 올라 지하철역으로 간다. 그 자리에서 아내 또래 친구와 같이 만나 지하철 신림역에 내려 버스 정류장에서

원효 관광버스에 몸을 싣고, 교외로 떠났다.

　흥신소 직원이 계속 문자를 준다. 그는 계속 일거수일투족을 미행해 달라고 부탁하였다.

　오후 3시쯤 가평 00 모텔로 머리가 반쯤 벗겨진 대머리로 50대 후반으로 팔짱을 끼고 들어갔다고 한다. 시간이 흐른 오후 4시 반에 나왔다는 연락을 받았다.

　아내는 그날도 밤늦게 서야 영등포 신세계 앞에서 모두 하차해서 곧바로 집으로 갈 생각 없이 커피집에 수다 떤 다음 집으로 돌아온 시각이 밤 자정 12시 50분쯤 되었다.

　민호는 속으로 작살내고 당장 이혼하고 싶어도 그전에도 사건이 있어 아이들이 부탁해서 참고 있었다.

　"여보, 늦었네, 저녁 식사는 했고 어느 산인지 재미있었어? 되도록 일찍 돌아오지 안 그래, 1시가 다 되어 가는데."

　"네, 알겠어요, 당신 오늘 토요일인데 어디 안 갔어."

　"집에서 푹 쉬었어, 작은 아이가 와서 음식 시켜 먹고 학교 기숙사로 바로 갔어."

　"알았어, 씻고 잘게, 내일 일요일 특근하려면 당신도 일찍 자."

　"알았어."

　거실에서 내일 가져갈 자료를 준비하고 방에 들어오니 아내는 곯아떨어져 있었다.

　그는 오늘 속이 천불이 나지만, 태연한 척하는 것도 사람이 할 짓이 아니다. 한번 당한 사람은 두 번 당하지 않는다는 말이 있듯이 스트레스가 이만저만이 아니다.

오늘 흥신소 직원이 보내온 사진을 보려고 하는 순간 아내 휴대전화를 열어보았다. 물론 비밀번호를 설정해 놨기에 평소 쓰던 비밀번호를 눌러보니 틀린다.

이제는 비밀번호까지 바꿔놓고 다니는가 보다. 요즘은 개인정보라 하여 아내의 폰 비밀번호도 열어보는 것도, 법적으로 금지되었다고는 하나 천불이 난다.

그는 오늘따라 아내 곁을 가고 싶어 침대에 누운 아내의 허리를 끌어안는 순간 아내가 놀라 밀어내어 신경질을 부려 거실로 나가버렸다.

민국은 오늘 아내 마음을 테스트하는 것도 있고, 부부관계도 벌써 반년쯤 되는 것 같았다. 무늬만 부부다. 오늘만은 마음을 먹고 요구해 본 것이다. 순간 그는 가평에서의 남자와 2시간 동안 실컷 놀았으니 찔리는 것도 없는 모양이다.

다음날 일요일 그는 후배와 같이 아내의 뒤를 밝기로 했다. 물론 아내한테는 특근이라고 속이고 탐정단도 그 뒤를 밟고 있고, 아침에 일어나 주차장에 후배가 와 있었다.

뒤를 밟으며 사진을 속속 전송해 달라는 부탁과 함께 50만 원을 건넸다. 그는 온갖 별의별 생각이 든다.

일요일 새벽에 일어나 나간다. 그래서 한번이 어렵지,

두세 번 하면 쉽다는 말이 있는 것 같았다.

오늘은 어느 산으로 가냐고 물었더니 가서 전화한다고 해서 더 이상 묻지 않았다. 배낭을 챙겨 들고 아내는 여느 때와 같이 신림역에 내린다.

그도 후배와 동시에 아내를 미행하기로 하고 뒤따라갔다. 아내는 신림역 버스 정류장에서 검정 승용차에 오른다. 승용차는 망우리 방면으로 한강 진입하면서 그는 택시 기사한테 오늘 하루 안내를 부탁한다고 우선 20만 원을 건넸다. 한쪽으로는 친구가 그는 이쪽으로 미행하기로 하였다.

"아~ 좋습니다. 오늘은 선생님과 저 검은색 1264번 뒤를 따라가겠습니다."

"네, 오늘 남자 대 남자로서 협조해 주시면 사례를 하겠습니다."

"감사합니다. 최선을 다해 손님하고 같이 다녀 봅시다."

택시는 남부순환도로를 지나 상도역 방면으로 좌회전해서 달려가고 있었다. 기사는 흥미로운지 여전히 이것저것을 물어온다. 하지만 그는 속으로 무척 불쾌함이 가슴에 꽉 차오르고 있어 연신 앞차에만 신경을 쓴다.

상도역 방면에서 좌회전으로 30km 지점에서 상도터널 방면으로 미끄러져 간다. 뒤를 따라가는 그는 아내의 행각이 그려져 속이 불이 난다.

상도터널에서 우측으로 400m가량 가다가 동작대교 방면 좌측 도로로 주행하고 있었다. 운전기사는 어떤 선생님의 예를 들어가며 민국이 듣든지 말든지 연신 중얼거리고 있었다.

앞서가는 승용차는 한남대교 방면으로 우측 도로 120m가량 가다 서다 반복한다. 이윽고 강변북로 고속화도로로 진입한 차는 뒤따르던 택시 기사는 앞 차량에 가려 보일 듯하니 신경질 부리면서 갑자기 차선을 바꾸며 그 앞차를 앞지르기하고 있었다.

아내를 태운 승용차는 강변북로 고속화도로에서 8km로 정도 주행한다. 동부간선도로(성수 장암 간) 내부 순환도로 지나 동부간선도로 성수대교, 언주로 구룡터널 방면으로, 우측 고속도로로 진입해서 약 200m 전방으로 이동한 다음 동부간선도로(성수 장암 간) 구리 청량리 방면 우측으로 직진 3km로 이동한 다음 차는 가다 서다, 반복하다가 주행 차는 망우 사거리 방향으로 직진 신내 지하 교차로를 지나 그랜드 잼 모텔로 들어간다.

2시간이 흘러 나올 땐 아내 친구와 남자 둘이 나온다. 아마 신림역에서 이미 둘을 태우고 왔던 모양이다.

모텔에서 나온 일행은 서울시 북부병원으로 들어간다. 20분 남짓 일행은 시립 망우 청소년 단가 쉼터를 지나 중랑 가족 캠핑장으로 발길을 옮긴다.

아마 그중 한 사람이 병원에 근무자 같기에 주차하고 나오는 것 같았다. 그 과정에서 신림역에서 출발하여 1시간 20분 정도 달려와 남자가 먼저 들어가고 뒤따라 아내도 들어간다.

  결혼 생활 30년 이상 살아오면서 외간 남자와 다정하게 가는 모습이 충격적이다. 휴대전화 카메라를 연신 그는 찍어댄다.

  기사한테 편의점에 가서 우유와 간식을 사 오라고 시키고 나서 그는 스타벅스를 주시하고 있었다. 기사 보고 아내가 혹시 다른 문으로 나갈 수 있는지 확인시켰다.

  그것은 만약에 아내와 아내 친구와 너무도 잘 아는 사이라서 들킬지 몰라서 대신 시켰다. 아내 일행은 1시간가량 있다가 스타벅스를 나와 직진하여 그랜드 모텔로 들어간다.

  생각 같아선 연놈을 다 때려죽이고 싶지만, 운전기사가 말린다. 미행하면서 확실하게 하려면 들어가는 사진을 찍어서 신고할 것이 아니라 아내 친구 분도 잘 안다는 이야기 그 내막을 확인해서도 늦지 않을 것이고 말린다.

  11시 30분쯤 되었는데 모텔로 들어간 아내 일행을 보면서 민국은 아내와의 부부관계에서 거부하는 아내의 속마음을 오늘에서 알게 되었다.

  그는 해외 지점 출장을 자주는 아니지만 일 년에 5~6번은 가는데 기간이 2주 정도가 대부분이다.

언제부터인가 아내는 얼굴 혈색도 마음도 즐거운 얼굴을 하고 있었고 출장 다녀온, 그날 부부관계를 거부하고 심지어는 거실 소파에서 잠을 자기가 일쑤이고, 대학생 두 아이가 있기에 싸움하기도 싫고 해서 그는 포기한 것도, 한두 번이 아니다.

아내는 지난번 사건에서 싹싹 빌고 했던 아내였는데 그 이후로 이런 행동이 2년이 된 것 같은 생각이 든다.

운전기사는 모텔 앞에서 기다리다 이윽고 오후 한 시간 30분이 넘어서 아내 일행은 모텔을 빠져나와 중랑 캠핑 숲으로 올라간다.

중랑 캠 숲에서 아차산 정상으로 가고 있었다. 아차산은 해발 287m로 그리 높지도 않고, 산세가 험하지 않아 이곳을 택한 듯한데 연평균 600만 명이 등산객이 찾는다는 도심 속 명소이기에 운전기사와 그는 그 뒤를 미행했다.

아내 일행은 중랑 망우 사색 길 앞 숲속에서 둘씩 가기로 약속했는지 아내 친구는 우측 산책길로 가고 아내와 그 남자는 곧장 간다.

기사가 기발한 의견을 내놓는다. 우리가 미행하는데 양쪽으로 갈라져 잘못하면 발각될 수 있어서 서울시 북부병원 주차장으로 올 것 같다.

"우리는 주차장 잘 보이는 커피집으로 가서 기다리는 것이 좋지 않습니까."

"그렇게 합시다. 그동안 식사도 하고 저기 안내판에 가서 소요 시간을 알고 가시죠."

아내 일행은 아차산 정상으로 가는 것이 확실하지, 그너머 아차산 생태공원 갈 확률이 적을 것 같아, 시간상 망우 사색 길까지 30분 정도, 용마산 숲길까지 50분 정도 용마산 헬기장까지 30분 정도, 거기서 아차산 정상까지 30분 정도이니 2시간 40분 정도면 오후 5시~6시면 이곳으로 도착할 것 같아서, 기다리기로 하였다.

물론 중간에 다른 곳으로 가면 놓칠 수도 있지만, 흥신소 직원들과 서로 교신하면서 양쪽으로 망을 보았다.

오후 6시 되어서 아내 일행이 캠핑장 공원을 나왔다. 근처 식당에서 식사한 다음 다시 오전에 투숙했던 모텔로 향한다.

우리는 더 이상 여기 있으면 추한 모습 같아서 이미 그는 이혼이란 글자가 가슴에 박힌 상태다.

"오늘 여기까지 하셨으니 이만 철수하고 끝냅시다."

아이들하고 상의해서 아내와 끝내야겠다는 마음을 굳게 먹고 집으로 간다.

"수고하셨어요, 오늘 고맙습니다."

30만 원을 기사한테 주고, 택시 기사 연락처를 받고 집에 도착하였다.

민국은 집에 도착하니 큰딸 지혜는 와 있었고, 작은 아이는 요즘 기숙사도 입실이 어려워 다음 학기에 신청하기로 하고 짐을 뺏기 때문에 아직 안 왔다.

둘이 대학생이라 큰 걱정은 없다. 집에 돌아와 오늘 일에 스트레스가 이만저만이 아니다.

증거와 그동안 맘고생으로 수척해진 그는 아내가 돌아오길 기다리는데 저녁 9시가 돼서야 작은아이가 돌아왔다.

아내가 들어오기 전에 우선 아이들한테 이 상황을 설명하고 이혼이든 별거든 결정하기로 하고 그는 서재 방으로 남매 아이들을 불러 조용히 이야기를 꺼냈다.

"지혜야 앉아봐라, 영진이 너도 알아야 할 것 같아서 불렀다."

"아빠! 무슨 일 있어요, 이 밤중에 심각한 표정으로 저희를 불러요."

"다름이 아니고 너희 엄마와 결정해야 할 일이 있다. 그동안 짐작으로 너희들이 어느 정도 눈치챈 것 같아서 이야기하려고 한다. 너희들도 이제 대학생이니까 잘 판단하기를 바란다."

"아빠, 오늘 엄마 뒤를 미행하고 갔다 온 것 아니에요."

"그렇다. 오늘은 일요일이라 심부름센터 직원한테서 연락이 왔다. 오늘 같이 가서 확인하고 끝내야 할 것이라며, 엄마가 등산 가는 새벽 5시라 첫차 전철역 앞에서 그 직원이 기다려 같이 뒤를 밟았다. 아차산으로 가는 아침부터 무인 모텔에 들어 2시간 있다가 나오는 사진 여기 봐라, 아차산 산행 중 너희 엄마와 남자하고 내려와서 낯 뜨거워서 못 보겠더라, 이게 뭐니."

"아 ~ 엄마 이게 우리 엄마 맞아, 정신 나간 것 아니야, 어떻게 해."

작은 아이는 그 동영상을 보고 망연자실 표정으로 얼굴이 굳어 있었다.

"그럼, 엄마는 언제부터 이런 행동을 한 것이에요, 아니지, 이번이 처음이지, 아마 우리 엄마는 아닐 거야, 난 도저히 믿고 싶지 않아, 무슨 사정이 있겠지."

"그래 잘 들어, 솔직히 2~3년 됐어, 그때는 네 동생이 고등학생이고 입시 준비가 한창이라."

"그래서 그때 이야기 안 하고 왜 지금 하는 거야, 아빠도 잘한 것 없네, 왜 참았어."

"그래 맞아 너희한텐 미안하다. 그때 엄마한테 이야기했어, 경찰도 오고 난리였잖니, 다시는 이런 일이 없기로 각서도 쓰고 조서에도 받고 두 번 다시없도록 다짐받았거든."

"그럼, 아빠는 언제부터 이혼 결심을 했어, 오늘이야? 아니면 언제부터."

"지금 시간이 11시가 넘었는데 아직 너희 엄마는 안 들어오잖아. 아빠 속이 시커멓게 타들어 가고 배신당하고 사는 것이 사는 게 아니야, 다 너희도 성인이니까 괜찮아."

막내는 새내기 대학생이라 가슴이 먹먹한지, 수심이 가득 찬 얼굴로 고개 숙이고 있었다.

"아빠, 이혼 꼭 해야 하겠어요, 엄마한테도 어느 정도 시간을 드려야 할 것 아니에요."

"지혜야! 잘 들어, 아빠는 너희 대학 아니 사회생활 할 때까지도 책임질 거야 내가 너희를 왜 버려 그런 말 하지 말아라, 가장으로서 집에 많은 시간을 너희들과 함께는 많이 못 해줬지만, 너희들한테는 자부하고 싶은 아빠야. 그러면 너는 어떻게 했으면 좋겠어."

"저는요, 이혼보다는 엄마와 아빠가 별거를 통해서 서로 알아가면서 하는 게 어때요."

"얘들아, 일단 오늘은 자고 내일 일요일이니까 넷이 앉아서 이야기해 보자, 알았지."

아이들이 자기 방으로 들어가 버렸다. 30분쯤 흘러서 작은 아이가 누나 방으로 들어가더니 울고 있는 누나를 위로하고 있는 듯하다.

그는 모른 척하고 방으로 들어와 시계를 보니 새벽 1시 30분이 가리키고 있었다. 이윽고 새벽 2시가 넘어서 현관 따는 소리가 들린다.

"안자고 이때까지 기다렸어요, 친구들하고 맥주 한잔하느라 늦었어요, 왜 당신 잘 알잖아. 순자라고 고등학교 동창인데 자주 만나서 산도 가고 스트레스 잘 풀잖아."

아내는 표정 하나 변하지 않고 없는 말까지 지어내며 변명하느라 힘들게 거짓으로 일관했다.

아내는 샤워실로 들어가 버렸다. 휴대전화를 집에 와서도 꼭 주머니 아니면 가방 속에 넣어두는 날이 2~3년 전부터 있었기에 의심하긴 했어도 휴대전화를 열지 않았다. 설마~ 이겠지. 하는 마음으로 서로 자존심을 넘어 너무 배려한 탓일까?

이윽고 메시지 음이 작은 가방에서 계속 울린다. 바꾼 비밀번호 때문에 받을 수가 없다. 속이 상한 그는 거실 소파에서 쪽잠을 청했다. 아침에 일어나 아이들과 결정을 보리라.

눈을 뜨니 아침 6시 다 되었다. 안방에 가서 아내를 깨우러 들어가니 아내는 이미 다시 출타하고 없었다. 화장대 위 메모에는 잠깐 친구가 불러 나갔다가 오겠으니, 아이들하고 밥 먹으라는 메모지였다. 그는 배신감이 극치에 도달했다.

"지금 몇 신데 어디 갔어, 당신 왜 말도 없이 나갔어."

"응, 말하려고 하니까, 당신이 곯아떨어져 자길래 그냥 나왔지, 이따 가서 얘기해."

전화를 끊어버린다. 그는 기가 찰 노릇이다. 오늘 종일 긴 시간일 것 같다.

큰아이가 일어나더니 아침을 먹는 둥 마는 둥 한다. 아마 엄마한테 연락받은 모양이다. 아침 식사 중 작은아이는 나중에 먹는다고 큰아이와 둘이 식사하면서 물어보았다.

"지혜야, 이제 성인인 만큼 아빠가 한 얘기 잘 들어, 막내한테는 나중에 얘기할 게 아니다. 이참에 둘이 있는 데서 해야겠다. 어젯밤에 어느 정도 이야기했지만, 짐작은 했을 거다."

그는 그동안 영상 자료와 일기 형식으로 쓴 A4용지 30매 정도를, 워드를 이용해서 적어놓았던 것과 흥신소에서 보내온 자료 등등을 내놓고 기다리고 있었다.

아이들은 어젯밤에 영상을 일부 봐서 그런지 눈이 퉁퉁 부었다.

"식사 후 아이들을 불러놓고, 자~ 얘들아, 잘 봐라, 지금 아빠가 이야기한 것 명심해서 듣고 잘 판단하고 있어야 한다. 다름이 아니라 엄마와 이혼할 것이다. 그간 너희들이 일찍 나가고 늦게 들어오니 어쩔 수 없이 지금 이야기하는 거다. 이것은 너희 엄마가 그동안 등산 다니면서 딴 남자를 만나고 있었어, 그리고 올 초부터 아빠는 흥신소에 사람을 붙여 증거 수집했는데 이 영상이 어제에 이어 결정적 영상이 바로 이거다."

작은 아이는 덩달아 울고불고 난리다. 한바탕 울고 나서 큰아이는 아빠가 미행하고 찍은 사진 등을 보면서 망연자실 그동안 아내의 행동을 지켜보면서 심한 갈등을 느꼈다.

그는 은행에서 받은 명퇴 수당을 아이들 등록금부터 해결하고 큰아이 작은 아이한테 각 5천씩 정기예금을 해놓았고 이혼 후 지방으로 내려가기 위해 조그만 월세 방을 얻어놓았다고 하였다.

"지혜야, 아빠 말 잘 들어 아빠가 6개월 전 은행 구조조정에 따라 명예퇴직을 했어, 이제 아빠도 백수거든 하지만 너희들 걱정은 염려 말고, 지혜 너는 집에서 학교 잘 다니고 동생도 잘 보살피면서 살아야 해, 그것은 아빠가 지방에다 조그만 월세 방을 얻어놓고 거기서 있으니 염려 말고 필요한 것 있으면, 전화해라."

아이들은 꿈인지 생시인지 방으로 들어가 고요하다. 아이들한테 당부해 놓고, 이윽고 오전 8시가 조금 넘어서 마침, 후배한테 연락이 왔다.

"여보세요, 선배님, 형수가 지금 강화로 가고 있어요."

"어느 산으로 가는지 뒤쫓아 거기서 연락하면 내가 그쪽으로 갈게, 강화라고 올림픽 도로를 이용해서 강화 마니산 주차장으로 갈 테니 거기서 만나."

민국은 강화 초지대교를 지나 해안도로를 이용해서 함허동천 해수욕장 주차장에서 소나무 아래에서 기다리기로 했다.

기다리는 중에 후배는 반대편 강화대교를 지나 터미널을 지난다는 후배는 계속 뒤를 밟으면서 그쪽으로 온다는 연락이었다.

　이윽고 2시간이 흘러 마니산 주차장으로 간다고 그쪽으로 오라고 한다. 주차장에 도착 후배를 기다리고 있었다. 그녀는 그 남자 차를 이용해서 88 올림픽 도로를 거쳐, 강화대교를 건너 마니산 주차장으로 가고 왔다고 하였다.

　"선배님 저기 넷이 가네요, 뒤쫓읍시다."

　두 쌍이 차에서 내려 매표소에 들러 들어간다. 후배와 멀리서 지켜보고 둘은 등산복 잠바를 입고 미행하고 있었다.

　아내와 둘은 키 큰 남자하고 손을 잡고 중간 능선쯤 옆으로 빠져나가 올라가다 한 팀은 양쪽으로 갈라져 올라가고 있었다.

　아내는 능선 한적한 바위 아래서 둘은 은박지 자리를 깔고 누가 보든 말든 부둥켜안고 급기야 바위에 뒤쪽에서 행위가 이어지는 그때 연신 사진을 촬영하고 둘이 눈치채지 못하게 그들의 불륜의 현장을 덮쳤다.

　"여기서 뭐 하는 짓들이야."

　"누구세요, 남들 노는데 방해하니 경찰을 부르겠소."

　"불러 보시지 여기 당신들 낮거리 한 것 다 촬영되었으니 경찰 좋아하시네. 불러 보시지, 자 봐라, 아줌씨 혹시 얼굴 어디서 많이 본 듯 생각 안 나요."

"무슨 말이에요, 아니 남이 등산하는데, 왜 방해요, 남이야 하든 말든, 참 별꼴이야,"

"뭐 별꼴요, 당신 남편이 이민국 씨 아니야,"

순간 얼굴이 하얗게 질려버린다. 두 사람은 후배한테 무릎 꿇고 싹싹 빈다. 이번만 봐주시면 안 되냐부터 심지어 돈은 얼마든지 주겠다고 통 사정을 한다.

"다 필요 없고요, 지금 이 자리에 당신 남편이 와 있어요."

두 사람은 새파랗게 질려 있었다. 민국이 나타나자, 혼비백산 어쩔 줄 모르는 아내를 노려보았다. 그는 남자를 그 자리에서 한 방 날렸다.

이제 끝이다. 어차피 이혼하려고 했던 만큼 아내를 데리고 산 아래로 내려와 태우고 집으로 오는 도중에 아내는 울고불고 난리가 아니다.

둘은 집에 도착하기 전 아이들한테 나가지 말고, 집에서 대기하고 있으라고 했다.

아내는 얼굴이 죽상이다. 집에 도착하니 아이들은 이미 아빠한테 다 들은 이야기를 큰 딸아이가 엄마를 몰아세우고 있었다.

"엄마가 방송에서 묻지 마, 불륜이니 뭐니 한 것을 우리 엄마인 줄 몰랐어, 어디 말해봐, 그전에 일어난 일은 내가 어려서 몰랐다고 치자 아빠한테 들었지만 내가 말이 안 나와."

"얘야, 입이 열 개라도 할 말이 없어. 내가 죽일 년이지.

눈이 뒤집혀도 네가 대학생이라는 것도 염치가 없어, 날 용서해 줄래.”

“엄마, 이러지 마, 이미 울 엄마 아냐, 아빠가 엄마 뒤를 쫓아다니면서 돌아오기를 학수고대하고 2년을 뒷조사하고 먼저 그 대형 사고 치고도 아직도 제정신이냐고, 엄마 정말 한심해. 아빠는 집에서 묵묵히 참고 기다렸어.”

“여보, 정말 잘못했어, 이제 당신이 시키는 대로 할게, 응? 용서해 줘, 정말이야, 흑흑.”

민국은 한바탕 소동이 일어난 다음 아이와 아내를 앉혀 놓고 그동안 당신을 미행하고 했던 여러 정황을 식탁 위에 올려놓고 이 사진을 아내한테 보여주었다.

“참 막내야, 너는 방으로 들어가라. 너까지 볼 것 없다.”

이것저것을 다 본 뒤 마지막 장에 이혼 서류를 내밀고 조용히 일어섰다.

그는 은행 이란 직업상 늘 자정이 다 돼서야 퇴근했으며, 공휴일도 예금 관련 홍보에 뭐다, 바쁜 일정에 아내한테 소홀했던 것에 마음이 늘 걸렸던 일이다.

그런 직장에서 하루아침에 보따리 쌀 줄 누가 상상하기나 했어, 다 선망 직업이라 부러워했지만, 나이 54에 강제퇴직을 당했다.

밖에서는 명예퇴직이라 소문이 자자 하지만 사실은 해고란 마찬가지다. 더군다나 외국 지점장으로 발령 나기를 학수고대했다가 외국은행과 합작 관계로 직원 40% 정도가 해고된 것이다.

물론 퇴직금과 위로금을 주지만 백수는 백수인 것이다. 그렇다고 자그만 가게를 운영하려고 해도 그 분야에서는 전후 후문이라 엄두도 못 내고 당분간 지방에 가서 일용직이라도 가려고 그는 마음을 먹고 지방에 월세방을 얻어 놨었다.

자고 일어나 큰딸아이가 할 말이 있다며 식구들을 다 모아 놓고 아빠 엄마는 당분간 시간을 갖고 그때 봐가며 이혼하든지 뭘 하든지 하자고 한다.

"엄마, 아빠, 정신 차리고 내 말을 잘 들어봐요. 나는 대학 졸업 얼마 안 남았어. 엄마는 나가서 딴 남자만 만나고 그것을 지켜본 아빠는 바보야. 그때 작살 내야지, 나 같으면 둘 다 잡아 경찰서로 직행할 것인데, 아빠는 늘 속앓이만 했던 거 아니야. 어디 말 좀 해봐."

"큰애야 내 말 잘 들어. 너도 성년이기에 이야기하는데, 부부 사이는 칼로 물 베기라지만, 다 너희들 때문에 진작 못 하고 나만 홀로 삼켰지."

"당신, 이야기해 봐. 아이들 보기에 창피하지도 않아, 아이들 앞에서 고개를 들고 다니겠어."

"여보 잘못했어, 이제 정신 차리고 아이들과 잘 살게, 응 여보 잘못했어, 이혼만은 안돼."

아이들 부탁으로 아내와는 좀 더 시간을 갖고 그는 별거 하기로 하고 지방으로 내려왔다.


오늘은 새벽 4시에 일어나 약속한 장소 농수산 도매센터로 갔다. 그곳에서 일당 일을 하게 되었다.

농수산 도매센터에는 채소 쓰레기 치우고 정리하는데 고단해도 하루가 금방 간다. 그는 운이 좋아서 농수산 도매센터에서 책임자 한 분이 그를 불러 사무실로 올라오라고 한다.

사무실 책상에 앉아 있는 사람이 그를 보더니 00 고등학교 출신 이민국 아니냐는 말에 깜짝 놀라 자신은 이곳 농수산물센터 하차 작업 총책임자며 자신은 몇 회 졸업생이고 은행 대출받을 때 차장님이 잘 해줘서 그는 다 해결했다는 것이다.

그러고 보니 생각이 났다. 점심은 자신이 낼 테니 식당으로 가자는 것이다. 그 자리에서 사실 이야기를 하고 나서 부탁했다.

자존심은 진작 팔아먹은 지 오래다. 저녁 시간 그가 민국을 불러 농수산물센터 직원으로 채용하겠다면서 그가 사무실 옆에 컨테이너가 하나 있는데 월세 신경 쓰지 말고 여기서 생활하라는 운 좋은 그였다.

그렇지만 민국은 월세방하고 거리가 멀지 않아 사양했다. 하지만 일이 너무 고된 것이다. 그래도 아이를 위해서 있는 것 까먹지 않고 가르치고 먹여 살아야 한다는 사명감에는 변함이 없다.

　"여보세요, 아빠 나야, 거기 어디야, 아빠 있는 데 가르쳐줘요, 아빠 보고 싶어."

　"나도 우리 딸보고 싶어. 일요일도 바빠서 못 갈 것 같아, 가는 날 연락하고 갈게."

　터미널에 도착해서 택시로 이동해서 농수산물센터 정문 앞에 도착했다는 딸의 연락을 받고 터미널 건너편 스타벅스 커피집에서 기다리라고 하였다.

　민국은 그 시간 하역장에 도착하는 도중에 운전석에 있는 후배 대표가 서로 이해하고 아이들 있는데 큰맘 먹고 아내를 만나면 못 이기는 척하고 이야기 들어주라는 대표 말에 많이 고민한다.

　약속 장소로 달려가는 그는 커피집에서 기다리는 아내와 지혜 모습이 보인다. 아내 얼굴을 보는 순간 밉기도 하고 불쌍하기도 하다.

　"지혜야 많이 기다렸지. 저녁 식사 식당으로 가자."

　딸아이는 계속 엄마, 아빠 얼굴만 눈치만 보고 없는 말 있는 말 다 동원하는 모습을 지켜보는 민국은 아내의 지난 일들이 머릿속이 떠나질 않고 울화통만 치민다. 그는 아내를 향해 말했다.

"어떻게 왔어? 안 올 줄 알았는데, 그간 지혜한테 얘기 들었는데 마트에서 일한다며?"

"지혜 아빠, 내가 죽일 년이야, 정말 잘못했어! 진짜야, 맹세할게."

"저녁 하면서 천천히 이야기하자, 그리고 지혜와 같이 있는 데서 결정을 보자고."

딸아이 이야기에 의하면 어제저녁부터 엄마와 아빠의 사정을 이야기하면서 오늘 아빠 만나면 무조건 잘못했다고 빌라고 하였다.

지혜와 아내는 아침 일찍 시외버스를 타고 그가 있는 이곳으로 왔다. 민국하고 이야기해 본적이 그 사건 이후 한 번도 나누질 못하고 눈치만 살피고 지혜가 중간에서 다리 놓는 실정이었다.

그는 아내와 아이를 데리고 근처 식당으로 자리를 옮겨 모처럼 세 식구가 모인 것이 언제인지, 기억이 없다. 정말 오래 간 만이다. 아내의 수척한 얼굴을 보니 그는 눈물이 맺힌다.

"지혜 아빠 정말이지 잘못을 뉘우치고 있어, 내가 죽일 년이지, 잠시 눈이 뒤집힌 것 같아."

그녀 말에도 천장만 쳐다본다. 곁에서 지켜보던 딸아이가 집에 동생이 혼자 있어 가야 한다며 자리를 뜨면서 엄마한테 어젯밤 자신하고 약속한 것 잊지 말라고 부탁한다.

"아빠! 난 지금 집으로 가는 차가 시간이 남았어! 집에 막내 혼자 있으니 갈 테니 엄마는 여기서 아빠랑 자고 내일 올라와."

지혜는 엄마를 부탁한다며 자리를 뜨고 전화한다며 가 버렸다. 둘이 남아 어색했지만 아까 대표 말을 되새기며, 순간 복잡한 심경이다.

"여보, 제발 용서해 줘. 그때 정말 내가 미쳤어, 우리 다시 한 번 용기를 내서 날 받아주면 안되겠어, 아까 지혜와 오면서 다시 한 번 당신한테 용서를 구하고 싶어, 왔어, 응."

말없이 하늘만 바라보다 근처 공원 벤치에 앉아 그는 이야기를 꺼낸다.

"여보, 당분간 떨어져 살면서 당신이란 사람을 다시 살펴볼 거야."

"고마워요, 정말 고마워요, 맹세할게요, 여보, 나 안아 줘! 봐, 당신 냄새를 맡고 싶어."

둘은 근처 호프집에서 시간을 보내고 남자 혼자 사는 방으로 들어오니 홀아비 냄새는 났지만, 깔끔한 그는 한때는 엘리트였는데, 날개 없이 추락할 것이 라고 생각도 안 해 봤다.

"이곳은 마음이 편안한 곳이야, 여기서 자고 내일 올라가 아이들 잘 보살피고."

아내는 고단한 마트로 출근과 스트레스로 고생한 탓인지 몸이 바짝 말랐다. 불쌍한 마음에 그는 속울음을 참지 못하고 흐느끼고 있었다.

"여보, 왜 그래, 미안해 정말 미안해. 당신한테 더 잘할게."

"당신 몸을 보니 그동안 맘고생, 육체적 고생한 것 같아 마음이 아팠어, 미안해. 그런 생각 이제는 하지 마. 응, 이제 아이들 커가는 재미로 살자."

아침에 일어나 그녀는 시내를 한 바퀴 돌고 터미널까지 배웅하고 돌아선 남편을 보니 속상하고 자신이 진 죄라 생각하고 불쌍해 보였다.

그녀는 자신이 미친년이지, 자업자득 자신 탓이라고 뉘우치며 되새긴다. 서울에 도착한 그녀는 아이의 작은 선물을 사 들고 집으로 돌아와 전화기를 든다.

"잘 도착했어요, 염려 말고 아이들하고 잘 지낼게, 현장에서 조심하세요."

그녀는 이제 서로 신뢰하고 열심히 노력해서 우리 가족이 원 상태로 오기를 노력하기로 하였으며, 당분간 떨어져 있으면서 마음을 새롭게 하기로 하고 아침에 일어나 마트 계산원이라는 직업을, 사명감 가지고 가벼운 발걸음으로 출근하였다.

그녀는 홀가분해서 다음 주에는 남편을 향하는 마음에 흥분되었다.

한결문학회
늘 한결 같이

# 허여경

- 소설 -

## • 한낮의 '꿈 바람'

한국문인협회 회원, 전) 서일대학교 사회교육원 한글 강사, 마포문인협회 소설분과위원장, 현대소설작가포럼 사무총장, 한결문학회 회원, 한국문학인 가을호 『사랑 그늘』 발표, 장편소설 『진영아 괜찮아』 『괜찮아 봄이니까』 『사랑은 마음이야』 단편 소설집 『오후 4시의 그녀』 소설 동인지 『고양이가+쥐를+먹는다, 월간문학 2025년 『한낮의 '꿈 바람'』 발표.

# 한낮의 '꿈 바람'

허여경

　전화를 끊은 영미는 설렘과 불안이 동시에 찾아왔다. 그가 다시 찾아올지 모른다는 생각이 들자 거실을 이리저리 서성거렸다.

　효숙의 가게를 나와 집으로 돌아와서 그가 마신 긴 유리 커피잔을 씻고 있을 때 전화벨이 울렸다.
　"여보세요."
　"집에 들어갔어요?"
　"!"
　"데이트 좀 합시다. 데이트가 별것 있나요. 만나면 데이트지."
　"수원 가신다면서요."
　"수원은 다음에 가지 뭐."

"부장님께서 그러시면 되겠어요?"

"음….."

"반가웠어요."

"저도요."

"약속하신 선물 잊지 마세요."

"알았어요."


**- 독촉 전화**

"따르릉, 따르릉….."

"여보세요."

"다솔교육입니다. 소진이네가 두 달 치 남았는데 언제 내실 겁니까?"

"A/S는 되는 거여요?"

"글쎄요, 교재를 보지 않았으니 뭐라고 말할 수가 없는데 대금은 내어 주셔야죠. 연체료 문제도 있고 하니 빨리 내주셔야 하겠어요."

"알았어요."

전화를 끊고 영미는 아이의 학습 교재를 살펴보다가 눈살을 찌푸렸다.


며칠 지났을까. 잊었던 전화를 받았다.

"소진이 엄마? 이달에 내겠다더니 왜 안 냈어요?"

"깜빡했네요."

"언제 낼 겁니까?"

"A/S 보장도 없고 기분이 좋지 않아요."

"돈을 안 내겠다는 말씀은 아니겠죠? 음…. 이 방법이 어떨까요. 우리가 헬로잉글리쉬를 200만 원에 판매하니까 영어 이야기를 반품으로 받고 나머지 대금을 내면 어떨까요? 헬로잉글리쉬 참 잘 나왔어요. 앞으로 계속 봐야 하니까 필요한 거예요."

"지금은 유치원 다니는 아이들이 바쁘네요."

"유치원은 안 보내도 되는데. 동네 아이들끼리 잘 어울려 놀면 되지 크게 도움은 안 돼요. 유치원 보내지 마시고 헬로잉글리쉬 해 주면 되겠네."

"유치원은 꼭 보내야죠. 사회성 발달이 중요하다고 봐요. 같은 또래에게서 배우는 것이 더 많거든요."

"유치원 교육도 주입식이에요. 우리 애가 눈높이 교육에서 학습지를 하는데요. 잘하겠지 하고 계속 시켰는데 어느 날 문제를 응용시켜서 풀어보라니까 못 풀대요. 그래서 나는 학습지도 안 시켜요. 주입식보다 자유롭게 공부시켜야죠. 틀에 얽매이게 하는 것이 좋은 게 아니더라고요. 창의성이 발달 되어야죠."

"그렇군요."

"교재비를 한 달 분이라도 내어 주시면 좋겠는데요."

"죄송하지만 좀 깎아주세요."

"물건을 교환할 수는 있어도 깎아주고 하는 일이 못 되어요. 이미 계약이 성립되었는데."

"그럼 좀 기다려주세요."

"얼마나 더 기다려야 해요?"

"빨리 낼게요."

"알았어요."

일상이 지나가고 다시 전화벨이 울렸다.

"여보세요."

"소진이 엄마? 소진이네 집이 어딘지 몰라서 갔다가 되돌아왔네요. 그 근처에 미림 카센터 있죠? 혹시 이석현이라고 쓰여 있는 집 2층 단독주택 아니에요?"

"!"

"그쪽에서 맴돌다가 찾지 못하고 전화하니까 안 받네요. 어디 갔었어요? 저녁 7시쯤인데."

"늦게 다니시네요?"

"우리는 늦게 가야 사람을 만나요."

"그렇군요."

"다음에 다시 들를게요."

"그러세요."

며칠 뒤 전화벨 소리에 눈을 뜨며 시계를 보았다. 오전 8시를 가리키고 있다.

"소진이 엄마? 자고 있었어요?"

"!"

"우리 입장을 봐서 좀 빨리 내주셨으면 하는데."

"알았어요. 제가 전화할게요."

"언제쯤에요?"

"아무튼 알았어요."

"그래요. 그럼."

새로운 달이 바뀌고 첫째 주 중간 어느 날.

"소진이 엄마죠?"

"네."

"왜 전화 안 했어요? 전화 기다렸는데."

"또 전화 올 줄 알았죠."

"뭐라고요! 오늘 들를게요."

"그러세요."

"네."

그곳에선 여전히 오지 않았다.


- **대금 결제**

며칠 뒤 주말 아침이었다. 소진이 친구 민지와 민지 동생 상민이가 놀러 와 소동이 벌어질 때 '똑똑' 현관문 두드리는 소리가 났다.

"누구세요?"

"다솔교육입니다."

"안 들려요."

"문 좀 열어보세요."

현관문을 열었다. 낯선 젊은 남자가 서류첩을 들고 서 있다.

"다솔교육에서 나왔어요."

"지금 정신이 없어서요."

"어머니, 교재비를 꾸준히 내시다가 안 내시면 어떡합니까?"

"그동안 사정 이야기했는데요."

"그게 말이 돼요? 남은 두 달 분 주세요."

"A/S를 해 주던가요."

"어머니 왜 그러세요. 여덟 번을 잘 내다가 두 번 남겨놓고 딴소리하면 어떡합니까?"

"오셨으니 교재부터 보세요."

남자 직원과 영미는 거칠게 맞섰다.

"저는 자세한 내용은 알지 못해요. 사무실에 전화 한 통화 할게요."

"들어오세요."

유선 전화기를 쓰기 위해 현관문 앞에 서 있던 남자는 신발을 벗고 집안으로 들어섰다. 집안은 여전히 아이들 넷이 뛰어놀며 어지러웠다. 남자는 통화 후 영미를 향하여 말을 건넸다.

"저는 자세한 것은 잘 몰랐고 부장님 명령만 받은 것뿐입니다."

영미는 사정을 말했다.

"아이들이 함부로 굴리고 자주 봐도 다른 회사 교재는 튼튼한데 여기 교재는 허술하네요. 그 부분에 대해서 듣고 싶어요."

남자는 말 없이 교재를 만지작거렸다. 영미는 커피를 내오며 남자에게 말했다.

"지금 보다시피 꼬마 손님들이 놀러 와 정신이 없네요."

"어머니, 물건을 사실 땐 꼼꼼히 알아보고 사셔야죠."

남자는 영미를 바라보며 교재 제작한 곳 전화번호를 찾았다. 영미는 교재 책자를 찾아서 건넸다. 남자는 몇 번의 통화 후 영미에게 말했다.

"A/S 신청했으니 A/S 받으시고요. 오늘은 이렇게 왔는데 한 달 분은 주세요."

"오늘은 이것 밖에요. 계좌번호 적어 주면 나머지는 입금해 드릴게요."

10만 원을 받아 든 어둡던 남자의 얼굴이 금세 밝아졌다.

"그러세요."

"깎아 줄 수는 없나요?"

"저희 부장님과 이야기해 보시고요. 저는 가보겠습니다."

남자는 메모지 한 장에 영미와 주고받은 내용을 적고 또 다른 한 장에 10만 원을 받았다는 영수증을 작성하고 일어섰다.


남자가 다녀가고 나서 영미는 남아 있는 금액을 빨리 정리하고 싶었다. 놀러 온 꼬마 손님을 돌려보내고 수화기를 들었다.

"다솔교육입니다."

귀에 익은 밝고 경쾌한 목소리가 친근하게 느껴졌다.

"안녕하세요."

"누구시죠?"

상대방은 낯설어했다.

"아, 저는 기억하는데, 소진 엄마여요."

"누구지? 어, 누구더라…."

무안함에 영미는 다시 말했다.

"다솔교육 맞나요?"

"네, 맞아요."

"자주 전화하신 분이잖아요."

"아하! 소진 엄마!"

이제 알았다는 듯 상대방은 목소리 분위기를 바꾸었다.

"지금 바쁘세요?"

영미의 물음에 익숙한 남자 목소리가 대뜸 말했다.

"뭐, 오늘 날씨도 화창하고 시간 많아요."

"그동안 통화를 하면서 말씀드렸잖아요. 교재 상태가 불량하니 사정 이야기를 할 수 있다고 생각해요."

남자 목소리가 끼어들었다.

"아, 우리 직원이 갔었군요."

"네. 지금까지 통화하면서 제 입장을 배려해 주실 것으로 믿었는데…. 다짜고짜 돈부터 내놓으라고 해서 기분이 나빴네요."

"우리 직원이 부장인 줄 알았군요."

익숙한 전화 목소리는 정부장이었다.

"남자 직원에게 제가 깎아달라고 그랬어요."

"그래서요?"

"오신다기에 기다렸어요. 분위기 좋은 곳에서 커피마실 줄 알았는데 뭐, 오늘은 난리판이 되어버렸죠."

"우리 직원 그냥 보냈어요?"

"10만 원 주었어요. 나머지는 월요일 날 입금하기로 했고요."

"그랬군요."

"요즘, 나라 경제가 어둡고 불안하잖아요. 있는 사람에게는 더 좋은 환경이고 없는 사람에겐 더 힘이 든 고통스러운 날이고요. 정말 아이러니가 아닐까요?"

"나라 걱정을 다 하고 애국자는 따로 있다니까. 남들은 소진이 엄마보고 어떻게 말하나요? 책 팔러 다니면 잘할 것 같은데."

"남들이요? 음…. 지적이고 편하데요. 후후."

"다른 건 모르겠고 편하다는 말은 나도 공감해요. 나도 지적인 스타일이에요. 나하고 같아. 한번 보고 싶어요."

"그래요? 둘이 만나면 큰일 나겠네요. 하하."

"내가 내일 갈게요."

"어머나, 오지 마세요."

"참새가 방앗간을 그냥 지나갑니까? 하하, 그런데 결론은 뭐죠?"

영미는 들뜬 목소리를 가라앉혔다.

"죄송하지만 남은 금액 좀 깎아주세요."

"일단 전화 끊을게요."

전화를 끊으려고 하는 정부장에게 영미가 감정을 섞어서 외쳤다.

"조금만 깎아주세요."

애절함 묻은 목소리에 안절부절못하는 정부장이 짧게 대답했다.

"알았어요."

"고맙습니다!"

영미는 수화기를 내려놓으며 소리쳤다.

"야호! 드디어 깎았다."


## - 설렘

그날 오후 영미는 효숙의 유아용품점 가게에 놀러 갔다.

"효숙아, 얘기 하나 해 줄까?"

"뭔데, 해봐."

"내가 영어교재 산 것 너 알지? 벌써 일 년이 돼간다. 지난 2월부터 통화를 해 오던 정부장이라는 남자가 있는데 재미있어서."

"왜, 뭐가 재미있는데? 빨리 얘기해봐."

효숙은 빨리 듣고 싶은 호기심이 일었다.

"내가 10개월 지로 계약을 하고 여덟 번 내고 두 번 남았는데 교재가 망가져서 비싸게 샀다는 생각이 드는 거야. 그래서 돈을 안 내고 좀 끌었는데 정부장이라는 남자와 통화를 하면서 농담 반 진담 반 3개월이 되었네. 얘, 어쩌면 좋으니? 그 남자가 나를 한번 보고 싶데. 내일쯤 온다고 하더라."

"어머나, 큰일 났네, 큰일났어. 얌전한 주부 하나 바람나게 생겼네."

"내가 바람까지 난다고?"

"그래, 사람 일은 모르는 거야. 안 그럴 것 같은 사람도 남자와 여자 일은 아무도 장담을 못 한대잖아. 바람피우는 사람이 '나 바람피워야지'하고 마음먹고 바람을 피우는 건 줄 아니?"

"난 그렇게 생각하지 않았는데?"

영미는 의외라는 듯 놀랐다. 가볍게 받아넘기지 않는 효숙에게 답답함을 느꼈다. 자신보다 개방적이고 끼 많은 친구가 맞장구쳐 줄 것 같았는데 충고할 줄 몰랐다.

"나는 바람 안 날 사람 같지 않니?"

"글쎄, 그건 모르는 일이라니까."

영미는 들뜬 기분을 가라앉혔다. 아무 일 아닌 것을 끄집어내었다가 무안당한 느낌에 더 이상 말을 잇지 못했다.


집으로 돌아온 영미는 생각에 잠겼다. '괜히 문제를 만들었던가. 한 푼 깎으려고 얌체 짓 하다가 더 소중한 것을 잃으면 안 되겠지. 더 이상 이야기를 만들지 말자.'

지체할 것 없이 수화기를 집어 들었다. 신호음이 울려 퍼진다. 귀에 익은 정부장 목소리가 들려왔다.

"여기 소진이네입니다."

"또 웬일인가요?"

"내일 오지 마세요. 제가 깎아달라고 해서 문제가 생겼어요."

"교재를 보지 않았으니까 뭐라고 말할 수가 없는데 아무튼 알았어요."

사소한 일이라고 생각했는데 영미는 혼란스러웠다.


다음 날 아침. 다솔교육에서 오면 어쩌지 하는 불안을 느끼며 집을 나서 효숙의 가게로 갔다. 다른 날 보다 고객이 많아서일까. 괜스레 집을 나와 서성거리는 자신이 부끄러웠다.

집으로 돌아와서 거실을 서성거리다가 수화기를 들었다.

"다솔교육입니다."

여자 목소리였다.

"정부장님 바꿔 주실래요?"

"무슨 일로 그러세요?"

"A/S에 관한 것도 있고요."

"저희 과장님 바꾸어 드릴게요."

잠시 후 차분한 남자 목소리가 들렸다.

"여보세요."

"얼마 전에 그곳 직원분께서 영어 이야기 A/S 신청해놓았어요."

"아, 그러세요."

"A/S가 가능한가요?"

"어쩌죠? 그 교재는 얼마 전에 품절이 된 상태이고요.

지금 우리 사무실에도 교환이 불가합니다. 그래서 A/S도 저희로서는 안 되는 상태입니다."

"처음 살 때는 기대가 컸는데 실망이네요."

"어머니 입장도 모르는 것은 아닙니다만 저희로서는 지금 어떻게 해 드릴 수가 없군요. 저희가 선물 하나 드리면 어떨까요? 혹시 아이들한테 없는 것 한 가지 말씀해 주실래요?"

"선물은 어떤 것이 있죠?"

"그림책 어떠세요?"

"좋아요."

"그러면 그림책을 드릴게요. 이것이 시중가 20만 원 정도 하거든요."

"내일 오실 수 있나요?"

"돈 주신다면 가야지요."

"그곳 정부장님이 저보고 책 팔러 다니면 높은 수익을 올릴 수 있다고 말씀하시더군요."

"아, 그러세요. 저희 부장님께서 혹시 기분 나쁘게 해 드렸다면 사과드릴게요. 가끔은 일하시려고 하는 분들이 전화로 문의해 오시기도 합니다. 음…. 어머니께서 일하시면 잘하실 것 같은데요."

"내일 어느 분이 오실 건가요?"

"내일 오전에 전화드리고 소속을 밝히고 찾아뵙겠습니다."

"그러세요."

전화를 끊고 나서 알 수 없는 서운함이 고개를 들었다. 그리고 방금 통화한 과장은 친절하지만, 지극히 사무적인 사람임을 어렴풋이 짐작했다.

정부장은 어떤 사람일까? 마음 한편에서 알 수 없는 허전함은 무엇일까. '내일 누가 올 것인가.'

이튿날 아침. 영미는 화들짝 놀라며 서둘러 집 안을 청소했다. 그리고 부랴부랴 세수하고 화장을 했다.

레이스 달린 검정 블라우스와 베이지색 바탕에 장미꽃 문양이 화사하게 그려진 롱스커트를 골랐다. 눈썹에 마스카라까지 발랐다.

거울을 보며 몸매가 잘 드러나도록 차려입은 자기 모습에 미소 지었다.

분주한 오전이 지나가고 거실을 이리저리 서성거렸다. '분명히 전화하겠다고 했는데….' 영미는 수화기를 들었다.

"다솔교육입니다."

여자 목소리였다.

"오늘 누가 오시나요?"

"무슨 일로 들리기로 했나요?" "수금 관계에요."

"저희가 못가도 입금해 주시면 감사하겠는데요."

"선물도 주신다고 하셨어요."

"입금해 주시면 선물은 우편으로 보내드릴게요."

"그러세요."

전화를 끊었다. 조금 전 들뜬 마음이 물거품처럼 가라앉았다.

거울을 바라보았다. 거울 속에 비친 자기 얼굴이 꽃처럼 예쁘게 느껴진 그 순간 따르릉, 따르릉…. 벨 소리가 적막을 깨고 공간에 울려 퍼졌다.

"여보세요."

귀에 익은 익숙한 목소리. 남성스러운 톤도 아닌 점잖고 예의를 지키는 목소리도 아니었다. 약간은 장사꾼 기질마저 배 있는 그의 목소리가 왜 그렇게 반갑고 기쁘게 들리는 걸까.

"내가 누군지 알겠어요?"

그가 물었다.

"내 머리는 AI에요."

그녀는 미소를 띠며 대답했다.

"오늘 오라면서요. 지금 집 근처 학교 앞이에요."

"선물은 가져오셨나요?"

영미가 목소리 톤을 곱게 올리자 그가 밝게 화답했다.

"선물 많이 가져왔어요."

"거기 계셔요. 제가 나갈게요."

설렘일까? 영미는 스스로 고개를 갸웃거렸다.

세 살배기 규현이를 데리고 현관문을 나서자 조금 떨어

진 골목 어귀에서 밝게 웃으며 성큼성큼 다가오는 남자가 있었다.

큰 키에 날씬한 몸매를 하고 이목구비가 깔끔하게 생긴 정부장이 환하게 웃으면서 영미를 향해 걸어왔다. 영미는 그에게 손을 들어 보였다.

"선물 가져오셨어요?"

다가온 정부장에게 대뜸 말했다.

"선물 얘기는 못 들었는데? 사무실에 전화 좀 해보고…. 전화 한 통화 씁시다."

"뭐라고요?"

집 안으로 들어가고 싶어 하는 그의 마음을 눈치챈 순간 그의 바지 뒷주머니에 휴대전화기가 들어있음을 발견했다.

"저것으로 하세요."

영미는 휴대전화기를 가리키며 말했다.

"이거 여기선 안 터져요."

정부장은 얼버무리듯 말했다.

영미는 예상한 듯 현관문을 열었다. 정부장은 자기 집인 양 성큼 앞서더니 영미보다 먼저 신발을 벗고 집안으로 들어섰다.

"깎아달라고 사정했는데…."

집 안으로 들어간 정부장은 영미 말에 아랑곳없이 집안을 둘러보더니 말했다.

"깨끗이 치워놓고 역시 손님 맞을 줄 안다니까."

영미는 커피를 준비하고 사무실과 통화가 끝난 정부장은 영미 곁으로 다가왔다.

"이렇게 진짜 오시면 어떻게 해요. 상상이 깨지잖아요."

영미가 불쑥 말했을 때 정부장은 감탄사를 내뱉었다.

"아, 그렇구나!"

"실망하면 어떡해요?"

"누가요? 내가?"

"아니요. 제 모습이…."

정부장은 미소지으며 거실 한편으로 가서 앉으며 말했다.

"몸매도 좋고…."

영미는 자신을 지켜보며 앉아있을 그가 거북스럽게 느껴졌다.

"방으로 들어가 계셔요."

그는 쫓기듯 방으로 들어가며 말했다.

"침대 있는 방엔 왜 자꾸 들어가래요?"

방으로 들어간 정부장은 탁자에 놓인 영미 결혼식 사진을 바라보았다.

"고향이 어디예요?"

"남편은요?"

영미에게 무수히 질문 세례를 던졌다.

영미는 커피잔을 고르다가 눈에 띈 긴 유리잔에 냉커피

를 준비했다. 어쩐 일인지 얼음이 마음처럼 움직여주지 않아서 찻숟가락으로 얼음을 달래면서 생각했다. '이 냉커피 맛은 어떤 맛일까.'

쟁반에 받쳐 커피잔을 그의 앞에 놓아주었다. 커피를 마시며 그는 계속 질문을 했다.

"나이가 몇이에요? 아, 서른 살이죠?"

영미가 되물었다.

"나이가 어떻게 되세요?"

"나, 서른하나."

"에이, 거짓말."

그리고 그를 보며 말했다.

"가까이 사는 친구가 있거든요. 그 친구에게 부장님 얘기를 들려주었더니 저보고 바람나게 생겼다고 하던데요."

"친구는 어디 살아요?"

"가까이에 있어요."

"친구 집에 한번 가봅시다."

"그럴까요."

두 사람은 자리에서 일어섰다. 정부장은 자신의 키와 영미 키를 맞추어 보며 말했다.

"내 키 어때요?"

"괜찮네요."

순간, 그는 영미의 팔을 들어 자기 팔에 팔짱을 꼈다.

"잘 어울리지?"

정부장이 환하게 웃으면서 영미 얼굴을 바라보았다.

**- 한낮의 꿈**

정부장의 차를 타고 효숙의 가게로 들어서자 청소기의 윙윙거리는 소음이 반겼다.

"효숙아, 내가 며칠 전에 말한 그 사람 말이야. 그 사람이 왔어. 지금 주차하고 이리로 올 거야. 네가 적절히 상대 좀 해줘라 응? 부탁해!"

효숙은 놀라며 정색했다.

"아니, 나 다른 건 몰라도 그런 일은 안 해."

"!"

무안함에 영미 얼굴이 굳어질 때 정부장이 가게로 들어섰다.

"안녕하십니까?"

그의 뒤를 이어 여자 손님이 들어왔다. 대여섯 살쯤 되어 보이는 아이가 엄마를 따라 가게 안으로 들어왔다. 특별히 화제가 떠오르지 않았던 세 사람은 방금 들어온 손님에게 집중했다. 정부장은 여자아이에게 말문을 열었다.

"너 이름이 뭐지?"

"김지은."

"몇 살이지?"

"여섯 살이요."

"참 똑똑하게 생겼구나. 엄마하고 많이 닮았네요. 나중에 공부 잘하겠어."

정부장은 큰 키를 낮추어 아이의 얼굴을 바라보았다. 바로 그때 그의 왼쪽 와이셔츠 주머니에서 볼펜 한 자루가 바닥으로 떨어졌다. 영미는 자신이 앉아있는 의자 밑으로 떨어진 그의 볼펜을 주워 돌려주었다.

"우리 규현이는 어때요?"

정부장은 규현이를 자세히 살피듯이 바라보며 말했다.

"아이들은 엄마가 하기 나름이죠. 물론 지은이도 마찬가지고요. 엄마 역할이 그만큼 중요하다는 말이지요."

"그렇죠."

그의 말에 영미가 맞장구를 쳤다. 그는 다시 여자아이 엄마를 바라보며 말했다.

"어머니, 우리 지은이 영어교재는 해 주셨나요?"

"아니요."

"다솔교육 교재가 참 좋은데요."

"나중에 할게요."

아이 엄마는 무릎보호대를 고른 후 계산하고 아이를 데리고 가게를 나갔다.

남은 세 사람 사이에 침묵이 흘렀다. 효숙은 먼저 말을 꺼냈다.

"커피 드실래요?"

정부장에게 물어보면서 영미에게 다시 물었다.

"나보고 커피 대접하라고 모시고 온 것 아니야?"

"나, 커피 안 마셔도 돼요."

정부장이 효숙에게 말했다. 효숙은 커피포트에 물을 올렸다. 정부장 옆에 앉아있던 영미는 의자에서 일어났다. 서너 발자국 옮겨 진열되어 있던 장난감을 규현이에게 집어주었다.

앉아있는 정부장은 서 있는 영미를 가끔 올려다보며 효숙에게 말문을 열었다.

"아이 책 많이 해 주었어요?"

"저, 바른 교육 프리랜서여요. 가게 오는 손님들한테 책 소개해서 전국 판매왕 2위까지 해 봤어요."

"그럼 돈 좀 벌었겠네요?"

"벌었죠."

"우리 것 해볼래요? 수당 35퍼센트 줄 테니까요."

"이제 안 할래요. 옆에 영미도 괜찮잖아요."

효숙은 정부장과 대화에 영미를 끌어들였다.

"이 친구는 사람을 끌어들이는 매력이 있어요."

"다른 얘기 해."

영미가 정색하고 말했다.

"그럼 무슨 얘기 해."

효숙은 의아스럽다는 표정을 지었다.

"요즘 장사 잘돼요?"

정부장이 효숙에게 물었다.

"유아용품은 꾸준히 단골이 있으니까 그럭저럭 유지는 되어요. 책은 어때요?"

"우리는 월급을 올려줬어요."

"그래요?"

효숙은 손가락 다섯 개를 펴 보이며 영미에게 말했다.

"우리 준이 아빠는 월급 오십 만원 깎였어."

정부장은 서 있는 영미를 가끔 올려다보면서 자신의 옆 의자를 가리키며 말했다.

"여기 앉으세요."

영미는 괜찮다고 말하면서 정부장에게 물었다.

"수원은 왜 가는 거여요? 직접 수금도 하시나요?"

영미 말에 효숙이 이상하다는 표정을 지었다.

"그렇게 물으면 어떻게 해."

효숙의 말에 영미는 아무 말 없이 규현이를 돌보았다. 규현이가 가지고 놀고 있는 장난감 자동차 소리가 윙윙거리며 소란스러웠다. 그때 정부장 휴대전화 벨 소리가 울리자 그가 가게 밖으로 나갔다.

효숙은 유아용품을 정리했고 영미는 규현이를 따라다녔다. 정부장은 가게로 다시 들어오며 말했다.

"여기 TV 있어요? 야구 좀 보게."

"없어요."

"그럼, 좋은 하루 보내시고요. 저는 이만 가보겠습니다."

정부장은 효숙에게 인사를 하고 영미를 바라보았다.

영미는 고개를 숙여 인사에 답했다. 돌아서며 정부장은 규현이의 장난감 자동차가 밖으로 나갈까 일러 주었다.

서 있던 영미는 의자에 앉았다.

잠시 후 효숙은 맞은편 가게를 바라보며 화들짝 놀라며 말했다.

"어머, 웬일이야. 저 사람 저기 앉아있어!"

영미는 효숙이 말하는 도로 맞은편 실내장식 가게를 바라보았다.

정부장이 그곳에서 TV를 보고 있었다. 고개만 돌리면 서로 마주 보이는 의자에 앉아서 정부장과 영미는 서로를 바라보았다.

"어머 귀엽다, 귀여워. 저기 앉아서 야구 보면서 이쪽으로 한 번씩 쳐다보는 것 좀 봐. 웃긴다. 얘."

효숙은 배를 잡고 웃었다.

영미도 슬쩍 고개를 돌려 정부장을 보았다. 한동안 멋쩍게 앉아 있다가 맞은편 가게를 다시 바라보았을 때 그의 모습이 보이지 않았다.

그는 어떤 바람이었을까. 하늬바람? 높새바람? 아니! 5월 한낮의 '꿈 바람'.

# 최대락

- 에세이 -

## • 한국 문학사의 변천사와 그 배경

현대작가 소설등단, 한비문학 시. 수필, 경희대학교 졸업,제12회 대한민국 문학예술 대상 수상. 한비문학 대상 수상, 볼프강 본 괴테 작가상 수상, 어니스트 헤밍웨이 베스트작가대상 수상, 프랑스 파리 폴 발레리 작가 대상 수상, 현대작가 소설상 수상, 대한민국 시인 대전 순수시 대상 수상, 한비문학협회 서울지회회장, 코로나 극복 공모전 최우수 문학상 수상, 경희대학교 경희문인회원, 한국문인협회 회원, 한국소설가협회회원, 관악문인협회 부회장.

# 한국 문학사의 변천사와 그 배경

최대락

　한글판의 최초 여류문학을 조명하기에 앞서 우리가 한국 문학사에서 근대문학까지 내려오면서 아래 두 가지 항목이 이해하는 데 큰 도움이 되리라 생각되며 독자분들도 다소 어렵지만 한 번쯤은 읽어 보는 것도 우리 문학의 변천사에 대한 궁금증이 풀릴 것이다. 우리가 살면서 우리 문학사에, 대하여 관심이 점차 감소하여 가는 것은 오늘날 인터넷이 활성화되면서 여러모로 바뀐 것도 사실이다. 그 옛날 원고 청탁이 오면 제출 기한이 임박해도 과제가 풀리지 않는 경우가 있을 때는 학교 도서관이나 관공서 도서관까지 가서 자료를 찾아야 했고, 심지어는 청계천 헌책방을 뒤져 자료를 찾아야 했던 기억들, 이 모든 것이 우리 문학의 글쓰기를 위해 노력하며 지금까지 버텨 왔던 우리 선배 문인과 우리 세대 문인들의 아픔과 고통이 있었기에 지금의 근대문학이 유지되었다고 해도 과언이 아니다. 우리 문학에서 근대문학 이란 무엇이며 언제 시작되었는지에, 대하여 논의하는 것은 매우 중요한 일인데, 그것은 다음과 같은 이유 때문이라 할 수 있다.

첫째 : 고대, 중세, 근대, 구분 없이 문학사 기술은 불가능하다. 즉 문학사 기술의 전제조건으로서 근대라는 시기 설정은 필수적이라는 사실이다.

둘째 : 오늘의 우리 문학과 조선조 이전의 우리 문학이 단절된 것으로 보느냐 혹은 연속된 것으로 보느냐 하는 문제가 여기와 관련되어 있다. 그것은 오늘의 우리 문학을 서구 문학의, 이식으로 보느냐 혹은 주체적 계승으로 보느냐 하는 문제가 연구되어 있다. 셋째 : 오늘의 우리 문학에 대한 가치평가 역시 여기와 관련되어 있다. 즉 바람직한 오늘의 우리 문학 이란 무엇인가 하는 것이 이 문제에 포함되어 있다는 점이다. 17.18세기 기론 점을 주장하는 논자들은 우리 문학의 연속성에 강한 신념을 가진 사람들이며, 개화기기론 점을 주장하는 논자들은 비록 부분적 시점이든 전체적 시점이든 정도의 차이는 있으나 대체로 서구 문학 이식론을 수용하는 사람들이며, 아직도 근대문학이 성립되지 않았다고 보는 논자들은 근대를 역사적 개념으로 받아들이지 않고 가치 개념으로 받아들이는 사람이라 말할 수 있다. 근대문학이란 문학사적 용어인 까닭에 이에 대한 학계의 논의 역시 문학사 기술에서 비롯되었다고 한다. 그 첫 시도는 안 곽의 조선 문학사인바, 여기서 안 곽은 조선 시대의 문학을 근세문학, 갑오경장 이후의 문학을 최근의 문학이라고 하여 그것을 근대문학

과 유사한 뜻으로 사용하였다. 그 후 김태준, 조윤제, 김제철, 임화, 백철, 박영희, 조연현, 등의 문학사와 김일근의 논문에서 때로는 논의를 통해 구체적인 시대구분과 배경이 근대문학 혹은 신문학 혹은 현대문학이란 용어로서 이 문제가 거론되어, 왔다.

그러나 근대문학의 기점론이 학계의 주목을 받아 쟁점으로 부각된 것은 아무래도 70년대 들어서 대학신문이 개최한 좌담회(1971)와 김윤식, 김현이 간행한 한국 문학사에서 비롯되었다고 보아야 할 것이다. 특히 김윤식, 김현이 제기한 18세기 기점 설은 학계의 파문을 일으켜 이를 서평 하거나 비판하는 형식의 논의를 전개했는데 김주인, 염무웅의 업적이 대표적이라 할 수 있다. 이후 근대문학의 기점에 관한 문제는 1982년 고전문학연구회의 세미나 주제로 채택되어 몇 차례의 논의를 거친 다음 근대문학의 성형 과정이라는 논저로 묶여 나오게 되었다. 그 용어를 근대, 현대, 신문학 등 어떤 편법으로 사용하던 우리에게 근대문학이라고 불릴 수 있는 것의 기점에 대해서는 이제까지 몇 가지의 견해가 제시되어 왔다.

(1) 근대를 근세와 최근 혹은 최근세로 나누어 전자는 조선의 건국, 후자는 갑오경장 이후라는 설 (안 곽, 조윤제) (2) 조선조 후기라는 설(김태준) (3) 1860년 개화기 이후라는 설(황폐강, 장덕순) (4) 갑오경장 이후 즉 신문학

과 동일한 개념이라는 설과 임화, 백철이 현대문학이라는 용어로 사용했다. (5) 18세기라는 설 (김일군, 김윤식, 김현, 오세영) 그 외 정병욱은 문학만 아닌 음악 예술까지 고찰하여 18세기 이후에 신흥예술 혹은 신흥문학이 등장했으며 이 신흥예술의 근대적 성격이 인정된다면 근대문학의 기점을 18세기까지 거슬러 올라가 잡을 수 있다고 했으며 백영청, 강무웅, 김명호, 등은 각각 근대문학의 개념을 혹은 시민문학 혹은 민중문학이라 정의하여 아직 진정한 의미의 근대문학은 성립되지 않았다고 했다. 그러나 정병두의 가설은 18세기 기점 설에 포함되어야 할 것으로 보이며, 백락청, 강무웅. 의 견해는 문학사 기술이 아니라 이념형의 제시에 있다고 보이는 까닭에 결국 지금까지 논의된 바는 앞서 언급한 다섯 가지 견해로 정리될 수 있을 것이라 사료 된다. (1) 근대를 (근세)와 (최근) 혹은 (최근세)로 나누어 전자를 조선의 건국, 후자를 갑오경장, 이후로 보는 설, 안 곽의 경우 조선조 문학 특히 임진왜란 이후의 문학에서 신불 사상의 부흥이 규명하여 근대성과 관련시키지 못하였고 오히려 갑오경장 이후 소위 최근 문학에서 신문명의 획기적인 표현이 있다고 말했으며 조윤제 역시 조선조 문학을 근세, 최근, 최근세로 나누긴 했으나 그의 문학 사관인 민족정신의 전개에 따르는 근대성을 소위 근세문학 작품을 통해서 구체적으로 파악하지 못했을 뿐만 아니라, 오히려 후기 저작에서는 최근세의 문학이 지닌 과학 문명 성을 근대성이라고 단정 지었기 때문이다.

*

(2) 조선조 후기라는 설

김태준은 임진왜란의 상흔이 치유된 이후의 문예 부흥과 창조의 고증학 수입 그리고 신흥민중의 대두로 인해 근대소설이 조선조 후기에 등장했다고 보아 그 대표적인 예로 당시 사회의 모순을 비판한 박지원의 소설들이나 춘향전을 들었다. 그는 근대소설의 이념에 대해서 확실한 설명을 하지 않았고 또 순조 이후의 신흥하는 시민이 그들 자신의 소설과 연극을 요구했다고 보았으면서도 소설은 침체해서 특색 있는 작품 몇 편만 나타났을 뿐이라고 서로 어긋난 서술을 했다. 이와 같은 김태준의 입장은 그 자신은 조선 후기라는 막연한 시기를 들고 있으나 18세기 기점 설에 가까운 것이라 할 수 있다. 왜냐하면, 신흥 민중의 대두나 문예 부흥 실학의 성립 들은 18세기의 특징이라 보는 것이 보편적이기 때문이다.

(3) 1860년을 기점으로 보는 설

황패강은 근대정신을 사회의 모든 면에서 추구되는 자아 각성으로 정의하고 이를 시대적으로 고찰한 뒤 1860년을 근대와 전근대의 갈림길로 보았다. 그에 의하면 생산에 있어서 근대란 산업 자본이 재화의 생산과정에서 사회적 가치를 증식시켜 새로운 사용 가치를 형성하여 전체적으로 사회적 부를 늘려가는 시대이다. 경제에서는 대량생산과 이에 대응한 금융업이 발달한 시대이며. 사회에 있어서는 봉건적 폐쇄성에서 탈피하여 사회의 모든 면에서 개방체제로 옮겨가는 시대라고 생각할 수가 있다. 가족에 있어서는 산업사회 구조에 적응할 수 있는 소단위의 가족이 형성된 시대이며 정치에서는 절대 왕권이 붕괴되고 입헌 대의제가 성립된 시대이다.

황패강은 이와 같은 시대정신이 우리나라에서 1860년 대에 일어나게 된 것은 이해 불군에 의해 북경이 함락되어 동양의 문호가 개방되었고 우리나라에서도 동학운동이 시작되었으며 이 무렵 1866년에 일어났던 새남터의 천주교도 순교 사건이 양심과 신앙에 대한 민권운동으로 비화했기 때문이라고 한다. 이러한 역사적 사건은 문학적 사실과도 부합되어 최제우의 동학 가사(용감 유사) 창작 유포(1860~1863)천주교 가사(1850~1860) 17편(최양업)의 창작 신재효에 의한 판소리 가사의 정리 방각본 국문소설의 본격적인 유행 등이 있게 되는데 이로써 우리의 근대문학이 성립된다는 것이다. 황 패강의 견해는 근대성을 주체적 전개로 파악했다는 점,

실증적으로 증명코자 했다는 점 등에서 의의가 크다. 그러나 그것은 넓은 의미에서 개화기, 즉 갑오경장 기점 설

에 포함될 수 있으리라고 생각한다. 왜냐하면, 시대구분에 있어서 30여 년이란 시차는 크게 문제 될 것이 없으며 갑오경장 기점 설 가운데에도 황패강이 주장하는 것처럼 자생적인 요인으로서 우리 근대성을 옹호하는 논자들도 있기 때문이다. 요컨대 황패강의

1860년대 기점 설은 갑오경장 기점 설 가운데서 우리의 근대화가 자생적으로 태동하였다는 전통 승계설을 변형한 견해라고 생각된다.

*

(4) 갑오경장 기점 설

이 학설에는 정도의 차이가 있으나 기본적으로 우리 근대문학의 형성에 서구의 영향이 크게 작용했다는 인식이 전제되어 있다. 서구의 영향을 어느 정도로 평가하느냐의 정도 차이에 따라 다시 이 견해는 두 가지의 입장으로 구분된다.

첫째 : 우리의 근대문학은 그 이전의 것과 완전히 단절된 것으로 서구 문학의 의식이 불가하다는, 입장이 있는데 임화, 백철, 박영희, 조인현 등이 여기에 속한다. 임화 최초로 근대문학의 기원을 사회 경제사적 입장에서, 밝히고 이 문제를 더욱 명확하게 체계를 세우려 했으나 유물사관과 식민지 사관의 도식에 빠지는 우를 범하였다. 그에 의하면 근대란 봉건 사회가 지양 발전하는 데서 성립

하는 것인데 우리의 경우는 역사 발전의 정체성으로 말미암아 선행 봉건 사회가 충분히 성숙하지 못했으므로 근대 사회를 이룩할 수 없었으므로 따라서 우리의 근대 사회는 서구 근대 사회의 이식과 모방을 통해서 출발할 수밖에 없는 운명에 놓여있는 까닭에 우리의 근대문학 역시 갑오경장 이후 서구의 그것을 모방 의식한 것에 지나지 않는다고 했다. 이러한 문학관은 백철, 박영희에게 그대로 답습된다. 백철은 조선의 원시사회 이래로, 정체성이 축적되어 봉건 사회가 충분히 발달하지 못한 관계로 서구의 근세 세력이 그 장벽을 깨고 조선에 유입되었으며 조선의 신문학 운동을 또한 조선에 밀려들어 온 그 근대사상의 지반 위에서 성장하였다고 보았으며, 박영희는 근대문학인 이후에 시작되었다고 하고 스스로 전통을 물려받지 못하고 서구 문학을 모방한 것으로 규정했다.

한편 권선징악을 비판하고 개성과 자유를 추구하고 민중해방을 위한 혁명 의식을 고취하는 등 시대적 사명을 충실하게 수행하려 한 것은 높이 평가해야 한다고 보았다. 박영희가 갑오경장 기점론의 한 변형으로서 1900년 기점 설을 들고나온 것은 이때

비로소 한문 문학이 청산되어 문학운동이 국문으로 전승되었고 일제 침략에 대한 민족적 자각이 싹텄기 때문이라 한다. 둘째는 자생적인 우리 문학의 근대성을 부분적

으로 인정하기는 하되 서구 문학의 결정적인 영향 아래서 우리 근대문학이 성립되었다는, 입장이다. 김용직, 이자순, 이제성 등이 그들이다. 김용직 먼저 한 논문에서 근대의식을 자아 각성으로 볼, 경우 그 기점은 홍길동전까지 거슬러 갈 수 있고 서구적인 개념이 부분적으로 나타난 것으로 볼, 경우 1900년, 서구 문학의 개념으로 볼 경우는 이광수의 [무정]이 발표된 1917년이라고 했다.

그러나 다른 논문에선 우리의 근대는 19세기 말에 시작된다고 하여 그 논거로서 이때 갑신정변에서 표출된 개화의지, 동학운동, 우리 국가에, 대한 관심 갑오개혁(비록 일제에 의해 사주 된 것이라 하더라도) 등이 자생적으로 일어났고, 또 한국 근대화에 중요한 역할을 담방한 서구의 효과적 수용 즉 서구의 충격도 이때 일어난 것 등을 들었다. 한편 이자순은 비교문학적 관점에서 서구, 중국의 경우를 살펴본 뒤 우리 근대문학의 출발은 외세의 충격으로 앞 세기의 싹텄던 자아의 각성과 민족적 정신이 문학작품 안에 실제로 크게 반영되기 시작하던 19세기 후반까지 기다려야 할 것으로 보인다고 했다. 그가 앞 세기의 싹텄던 자아 각성이라고 진단했던 것은 17, 18세기의 여러 변동 즉 양반 관료 지배체제의 동요, 농민의 신분 분해, 화폐경제의 출현, 사설시조, 판소리, 평민 가사, 표현 매체가 국문으로 된 국문학의 발간, 민중문학의 대두 등을 가리킨다. 그리하여 19세기 후반에 우리 근대문학의 길잡이가 될 수 있는 요인으로 최제우 용담유사(1862)의 발표, 신채호의 소설 창작, 신소설, 신파극의 등장, 한문학의 소멸과 한글 문학의 융성 등을 들었다. 이재선은 근대문학의 기점은 서민층의 성장이라는 외부적 요인과 그것에 관련된 내적 요인을 고찰하여 설정해야 한다고 전제하고 먼저 근대소설이란 영웅적 형상의 약화, 단선적 서술구조의 약화, 전진적 서술자의 후퇴, 공간화의 경향을 들어 그것이 19세기 말 이후임을 주장하였다.

*

(5) 18세기 설은 이 주장은 과거 19세기 말 설 (갑오경장 설)이 우리 근대문학을 서구 문학의 의식으로 보는 관점을 비판하고 자생적인 우리의 근대성을 탐구하는, 입장에서 제기되었는데 이는 물론 식민지 사관을 극복하고자 노력했던 국사학계가 70년대에 들어 거두었던 결실에 크게 힘입은 것이었다. 가령 한국 경제사학회 편〈한국사 시대 구분론〉(을유문화사, 1970), 역사학회 편〈한국 사의 반성〉(신구문화사, 1969), 강만길 조선 후기 상업자본의 발달, (고려대 출판부, 1978) 김용섭 조선 후기 농업사 연구, (일 조각, 1970), 등 막연히 임진왜란 이후나 조선 후기에서 근세 혹은 근대의 출발을 언급한 학자는 있었지만, 그것을 구체적으로 18세기라고 주장하였던 최초의 사

람은 김일근이다. 그는 18세기에서 갑오경장까지는 근대의 전기로, 갑오경장에서부터 3.1운동까지는 근대의 후기로 보았는데 그가 뜻하는 근대정신은 과학사상과 인권존중 사상이었다. 그는 이와 같은 근대정신을 박지원의 소설에서 찾고자 하였으나 박지원의 소설에 구형된 실학사상의 분석이 산만했고 훈 학과 시대의 관계를 유기적으로 밝히는 데까지 나아가지 못하였다. 18세기 기점 설을 보다 체계 있게 제시한 사람은 김윤식이다. 그는 그와 같은 주장의 논리로서 사회의 신분제도 혼란 및 경영 부농의 대두, 화폐경제의 확립, 실사구시 파의 성립, 시장 경제의 형성 가능성, 시조, 가사, 등의 재래적 문학 장르의 집대성과 판소리, 가면극, 소설 등 서민 문학 장르의 융성, 시민 계급의 성장 등을 들었다. 이와 같은 시대정신이 반영된 구체적 문학적 증거로는 이후 후기의 단편은 소설들과 박지원의 소설들 그리고 봉건 가족제도의 붕괴를 보여준 "한중록" 그리고 김립의 풍자시, 판소리 등과 시조의 붕괴를 예로 들 수 있다고 했다. 한편 오세영은 김윤식과 같은 관점에서 그 논거를 한층 더 보강했다. 그는 근대정신을 한마디로 자본주의 정신으로 보고 18세기에 있어서 자본주의 빙 후로 전기 자본의 원시 축적이라 할 상업자본과 고리대자본의 형성, 부상 대가의 출현, 시전의 몰락과 난전의 번창, 미미하나 마 확대재생산의 실현, 도시의 성장, 합법적 귀인의 등장으로 인한 본 건 경제의 해체 가능성 들을 들었다. 그에 의하면 이러한 시대 변화는 문학에서 장르 상으로 시민 대중문학의 출현 및 융성 (판소리, 사설시조 등과 고대소설, 잡가의 융성), 민족 언어에 대한 인식, 봉건 도덕에 관한 비판의식, 홍길동전, 사씨남정기, 한중록 등, 문학작품에 나타난 상공업 정신, 허생전의 중상주의 정신, 흥부전 이익사회의 가치관 등, 사회 비판의식 및 인문정신, 홍길동, 박지원의 소설 등, 김립의 풍자소설, 문학에, 있어서 표현상의 자유 지향, 방각본 국문소설의 보급 등으로 반영되었다고 한다.

이상 김윤식, 오세영 등이 주장한 18세기 설에 대해서는 여러 가지 논란이 있을 수 있고 실제로 비판된 바도 있지만 적어도 18세기에 자생적인 근대화가 싹텄다는 사실만큼은 부정할 수 없으리라고 본다. 다만 이러한 제 특징이 우리 문학사에서 근대의 기점이 될 수 있느냐 없느냐의 문제인데 이는 시대구분을 하는 기본적 관점에 달려 있다. 그것은 시작을 시기 설정의 기점으로 보느냐, 성립을 기점으로 보느냐 하는 태도이다. 자본주의의 성립 혹은 근대정신의 확립을 기점으로 본다면 분명 18세기 기점 설정은 불가능하다. 그러나 그 같은 관점에서라면 1980년대인 오늘날 경우에도 근대가 성립되었다고 할 순 없지 않을까 생각한다.

한결문학회

늘 한결 같이

# 정동진

## - 평론 -

### • 삶의 '끝자락'이 아니라, 삶의 '진짜 이야기'

시인, 시조시인, 문학평론가한국문인협회 문단정화위원, 동작예총 고문, 관악문인협회 지도위원, 한결문학회 회장, 문예춘추문인협회 고문, 서라벌문협초대회장 및 고문 역임. 보국훈장광복장수상, 국방부장관표창 3회 수상한하운문학상, 박재삼문학상대상, 정공채문학상대상, 윤봉길문학상대상, 유치환문학상대상, 한용운문학상, 통일염원문학상, 동작문학상, 한국문협이사장표창, 동작구청장표창, 관악구청장표창, 시조문학 작가상 수상저서 : 시집『정동진의 햇살』『가을이 머무는 언덕』외 다수.

# 삶의 '끝자락'이 아니라, 삶의 '진짜 이야기'

정동진(시인, 문학평론가)

숨이 턱턱 막히는 찜통더위를 피해 가로수 그늘에서 잠시 쏟아지는 뜨거운 햇살을 바라보다 문득 이승 시인의 시 한 구절이 또 오른다.

"옥신각신 속에 폭우는 잠잠해지고 속살이 다 비친 노부부 안방으로 들어가더니 문고리 걸어 잠궜다."

폭우 뒤의 시원함 속에 이승 시인 부부는 문고리 걸어 잠그고 무얼 했을까 라고 생각하니 피식 웃음이 나온다. 아마 노부부의 깊은 사랑이 아닐까?

시인이 무無에서 시를 살려내고 그 속에서 오롯이 본인의 생각과 상상력의 깊이를 찾아낸다는 것은, 그 시가 품고 있는, 독자에게 전달하고 싶은 작가의 생각과 의미와 내재 된 모습을 어떤 색채와 모양으로 표현하느냐에 달려 있으며, 수많은 노력과 반복에 따라 독자에게 깊은 감동을 주고 오래도록 많은 독자의 가슴속에 깊은 울림을 줄 것이다.

이승 시인은 『한비문학』으로 등단하여 제1집 『홀씨는 바람 타고』를 상재한 시인으로서 탄탄한 문장력과 섬세한 표현력을 바탕으로 130여 편의 시를 엮어 제 2시 집 『구름 나그네』를 독자들에게 선을 보인다.

이승 시인의 시 세계는 "사랑", "그리움", "노년의 감정", "자연과 세월", "모성" 등 인간 보편의 주제를 한국적 정서와 삶의 언어로 풀어냄으로써 지금까지 살아온 자기 삶을 깊은 울림으로 승화시켜 그려낸 가슴에 큰 감동을 주는 시인이다. 이승 시인의 작품은 고달픈 현실을 도피하고 싶은 독자들에게 시원한 청량감과 깊은 감동과 따스한 마음을 주는 작은 즐거움과 희망일 것이다.


주름지고
흰머리면
어떻소

밥은 타고
국이 짜도
맛있소

떨어지면
그립고
돌아오면
사랑스럽소

분 바르고
입술 칠하면
누가 데려갈까 봐
안 해도
예쁘다 했소

-노부부 사랑 전문-

　이 시는 일상의 애정, 소박한 사랑, 오래된 연인의 유머를 통해 한평생을 함께 살아온 부부의 사랑을 조곤조곤한 말투로 풀고 있다. 주름과 흰머리, 탄 밥과 짠 국 같은 일상의 결함조차 애정의 증표로 보며, "예쁘다 했소"라는 한마디에 그 시대 남편의 사랑 방식이 녹아 있다. 군더더기 없이 짧은 행들로 이루어진 이 시는, 한국 시조의 정갈함과 현대 서정시의 간결성이 동시에 느껴지는 시로서 단순한 진술 적 언어를 쓰되, 그 안에서 감정의 깊이와 부부간의 역사를 잘 담아낸 작품으로서 독자에게 미소와 따스함을 안겨주는 사랑의 시이며 이승 시인의 인생과 가족사가 엮인 아름다운 작품이라 하겠다.

이 시는 단순한 감정의 나열이 아니라, 전통적인 삶의 미덕과 감정의 절제를 기조로 하는 사랑의 재해석이며 '사랑'이라는 감정이 젊은 날의 열정이 아닌, 세월을 함께 견딘 존중과 정든 동행으로 재정의되고 있으며 "밥은 타고 / 국이 짜도 / 맛있소"라는 결점마저 사랑스러운 '관계의 내공'이며. "입술 칠하면 / 누가 데려갈까 봐"라는 질투가 아닌, 잃을 수 없다는 두려움에서 오는 보호 본능이라고 할 수 있다.

시조 적 운율과 3음보 반복 구조로, 구전 민요의 리듬감을 통해 단지 부부간 애정 표현이 아니라, 노년기의 사랑이 지닌 무게와 품위를 보여주는 귀중한 시로 평가되며 감정이 격정이 아닌 "익숙함과 존중"으로 바뀌었을 때, 오히려 더 깊은 사랑이 된다는 철학이 담겨 있다고 할 수 있다.


구름은 흘러가며 세월을 남기고
소월은 진달래꽃을 남기고
이별의 슬픔에 가슴 절절했다
해환은 별 헤는 밤을 남기고
보고 싶은 어머니를 그리워하며 울었다

떠나가신 임의 흔적을 보고 만져볼 때
애절한 마음이 가슴속에 고이며 눈물이 난다

꽃은 죽어서 씨를
화가는 그림을
음악가는 노래를
시인은 시를 남기지만

어머니는
젖을 물려 키우고 허리가 굽도록 일해서
자식들 굶기지 않도록 고생하시며
사랑을 남기고

-사랑을 남기고 전문-


　이 시는 어머니에 대한 회상, 사랑의 유산, 인생의 흔적들을 모토로 문학사 속의 시인과 예술가들이 남긴 것들과 '어머니'가 남긴 사랑을 비교하며, 가장 위대한 유산은 결국 모성애라는 주제를 드러내고 있다. 소월, 윤동주와 같은 인물들을 언급한 부분에서, 시인은 세상을 떠난 이들의 흔적과 자취를 문학적으로 해석하면서도, 결국은 자신의 어머니로 시선을 고정한다.
　이 작품은 전통적인 산문시 형식에 가깝고, 마치 수필을 시로 쓴 듯한 서정시로서 시인은 가장 고귀한 창조는 예술이 아니라 삶 그 자체에서 비롯된 '사랑'임을 강조함으로써 이승 시인 자신의 문학관을 찾아가고 있다. 한국 현대 시의 흐름 속에서 윤동주, 김소월 등 한국적 서정시 전통을 직접 호출하지만, 시인은 시인의 자취보다 더 깊고 숭고한 흔적으로서 '어머니의 사랑'을 제시하고 있으며, 유명 시인 → 시인의 어머니 → '사랑'이라는 점층적 전개를 통해 결론을 도출하였으며, "꽃은 죽어서 씨를 / 화가는 그림을…."을 통해서 존재의 목적은 '무엇을 남기는가'라는 철학적 질문을 던지고 있다.

따라서 이 시는 문학사에 대한 반성적 고백이자, 진정한 위대함이란 삶 그 자체를 통해 이룬 사랑이라고 주장하며 시인은 자신이 쓴 시보다도, 어머니의 굽은 허리가 더 시적임을 이야기함으로써 시는 예술과 삶의 가치 경계를 허물며, '예술보다 더 위대한 것이 삶이다'라는 주제를 완성하였다고 하겠다.


정처 없이 흘러가는 구름아
어찌 뒤를 돌아보지 않느냐


지나온 그 길은
아픔과 이별 그리고 그리움이 있었지

밤새 만든 이슬이 풀잎에 떨어지듯
가슴에 맺힌 아픔을 어찌 모르겠느냐

새벽이면 일어나 길을 떠나고
늦은 밤에야 집에 돌아오는 세월이 너무
길구나

너는 소나비를 쏟으며 펑펑 울고 나면
속이라도 시원하지
너처럼 울기라도 하면 좋으련만
그런 여유도 없구나

봇짐 풀고 흘러가는
구름 나그네가 되고 싶다

－구름 나그네 전문－

　여기서 이승 시인은 삶의 무상함, 내면의 외로움, 감정
이 억제된 세대의 울음을 가슴 속에 품고, 구름을 '자신'의
분신처럼 삼아, 흘러가는 세월과 자신이 지나온 인생길을
비유하고 있다. 특히 "너처럼 울기라도 하면 좋으련만 /
그런 여유도 없구나"라는 구절은 감정을 억누르고 살아온
세대의 고단함을 절절히 드러낸다. 이 시는 은유와 직설

을 적절히 혼합해, 감정의 절제를 통한 깊은 울림을 전하면서 의인화된 구름을 통해 자기 성찰을 시적으로 녹여냄으로써 은퇴 후 삶의 쓸쓸함, 감정 억제된 남성 노년기의 내면을 잘 드러내고 있다.

구름'은 전통적으로 자유, 덧없음, 떠돎, 관조자의 상징이라고 할 수 있은데 이 시인은 그 구름을 자기화하면서, 자기 삶이 얼마나 쉴 틈 없이 흘러갔는지를 고백했다

"너처럼 울기라도 하면 좋으련만" 이 구절은 억제된 감정 표현의 결정판. 한국적 남성상(가부장)의 한계이자 아픔이며 구름과 대비되는 "봇짐 풀고 싶은 욕망"은 정착과 쉼에 대한 갈망을 나타내고 있으며 단지 풍경 시가 아닌 노년기 내면을 투영한 자화상 적시로서 특히 "울지 못하는 존재의 비극성"은 근대 한국 남성상이 겪은 정서적 고립을 상징하고 있으며 감정의 언어가 서툴렀던 세대의 고백이기도 하겠다.

웬만한 장마철에도
소나기가 오지 않는 가뭄 골에
세상이 뒤집혔나 폭우에 강풍이 분다
하늘 터지는 소리에
낮잠 자던 할범 방문을 걷어차고
속바지 차림으로 나왔다

아따, 별일 일세
가뭄 골에 폭우가 다 내리구 오래 살구 볼일이여
워매, 이거이 뭔 일이랴

마누라 -
얼릉 나와 보이 쇼이 뭐하고 있댜 난리가 났는디
얼마나 호통을 쳐댔는지 할멈이 고쟁이 바람
으로 텨 나왔다

마당엔 골이 파여 도랑 생기고
빨래는 나뭇가지에 걸쳐있고
오강 댕이는 굴러다니고
송아지는 놀래 뛰고
감나무는 부러졌다
할멈은 속옷 걷느라 정신없고
할범은 송아지 고삐 잡고 갈팡질팡이다

보소, 시방 속옷이 중하요
그람, 뭣이 중하다요

옥신각신 속에 폭우는 잠잠해지고
속살이 다 비친 노부부
안방으로 들어가더니 문고리 걸어 잠궜다

-폭우 전문-

이 시를 통해서 이승 시인은 유머와 정감, 시골 일상의 해학, 생동하는 장면들을 통해 가장 극적이고 희극적인 장면 묘사가 돋보이는 작품이다. 장맛비 속에서 우왕좌왕하는 노부부의 모습은, 한편의 농촌 드라마 같고, 한국적 해학과 정서를 그대로 품고 있다. 속바지, 고쟁이, 감나무, 송아지, 문고리까지…. 꼼꼼한 묘사로 시각적 이미지를 풍부하게 살려냈으며 "쇼이 뭐하고 있댜", "난리가 났는디" 등의 방언이 살아있는 언어는 시를 한층 더 입체적으로 만들어 주고 있으며 서사적 요소가 강해 마치 단편 소설 같은 시이며, "문고리 걸어 잠궜다"라는 마지막 행에서 노부부의 여전한 사랑과 동행의 유머가 정점을 찍으며 작품을 마무리한 부분은 가히 압권이라 하겠다.

특히 이 시는 해학과 사실주의의 결합, 연극적 구성을 통해 극적 장면 전개, 생생한 구어체, 인물 간의 긴장과 유머로 구성된 서사시 또는 미니 희곡에 가까우며 "속바지 차림", "고쟁이 바람", "문고리 잠궜다" 등으로 장면화 가능성이 매우 크며 실제 무대에서도 표현할 수 있으며 시어에는 구체적인 민속어, 방언, 지역어가 살아 있어 문학적, 민속학적 가치도 상당하며 마지막에 이르러 폭우라는 외부 세계의 혼란이, 부부 사이의 농담으로 봉합되는 구조이며 폭우는 위기의 상징이자 일상의 흔들림이지만 노부부는 이를 유쾌하게 넘기며 '인생의 위기'를 함께 겪어

온 유연함과 관록을 보여줌으로써 해학과 애정, 시골 생활의 사실성이 어우러진 수작이다.

따라서 이승 시인은 "사랑", "그리움", "노년의 감정", "자연과 세월", "모성" 등 인간 보편의 주제를 한국적 정서와 삶의 언어로 풀어냄으로써 시의 감칠맛을 한 단계 상승시켰으며 전반적으로 평이하며, 소박하고 진솔한 표현이 많은 시어를 골라 사용함으로써 독자의 거부감 없이 다가올 수 있다고 하겠다.

이승 시인의 제 2시 집에 수록된 옥고들은 삶의 '끝자락'이 아니라, 삶의 '진짜 이야기'가 있는 시들이며, 감정을 폭발시키기보다는, 오래 삭혀 우러난 감정의 진한 맛이 우러나오며, 고전적 서정성과 현대적 생활감을 결합한 노년 시인의 시적 연대기라 할 수 있으며, 누구보다도 "살아본 사람"만이 쓸 수 있는 내공이 느껴진다.

끝으로 나타리 골드버그의 글 한 줄을 인용하며 글을 마칠까 한다. 글을 쓸 때 모든 것을 풀어주라. 글쓰기는 자신의 에고를 남들에게 보여주고 싶은 대로 연출하는 것이 아니라 자신이 하나의 인간 존재임을 드러내 보이는 것이다. 바보가 되어 시작하라. 고통에 울부짖는 짐승처럼 볼썽사나운 모습으로 시작하라.

2025년 여름 찜통더위와 맞서서

# 김수원

## - 서평 -

### • 라틴아메리카의 돈키호테 (체 게바라 평전을 읽고)

2006년 순수문학 시 등단 2017년 불교 문예 시 재등단. 2019년 한국시조문학 시조 등단. 작품집: 『바람의 순례』 『나는 아직 넘치지 않았다』 등 동인지 26권 수상 : 2017년 참여문학상. 2022년 계간문예 상상 탐구 작가상. 2023년 계간문예 서로다독 작가상. 2023년 문학과 창작 숲속의 시인상 대상 수상. 국제 펜 한국본부 회원. 한국문인협회 복지위원. 불교 문예 부회장. 계간 문예 이사. 계간 문예 서로 다독 부회장, 산림 문학 이사 겸 편집위원. 2006년 중앙대학교 예술대학원 문예창작학과 전문가과정 수료.

# 라틴아메리카의 돈키호테 (체 게바라 평전을 읽고)

저자   장 코르미에

역자   김미선 실천문학사 출판

김수원

## 책 소개

프랑스 일간지 '파르지앵'의 전문기자 장 코르미에가 엮은 체 게바라 평전. 코르미에는 1981년부터 수집한 방대한 자료를 바탕으로 체 게바라의 삶을 가까이에서 그러나 전체적으로 조망했다. 체 게바라에 대한 다양한 인터뷰, 게바라가 쓴 편지글 게바라에 대한 자료를 집대성한 이 책은 프랑스에서 출간하자마자 베스트 셀러가 되었다.

그가 말했다. 언제나 자기 존재의 깊이를 느낄 수 있는 준비가 되어 있어야 한다. 세계 어느 곳에서라도 누군가에게 부정이 행해지지 않는지 살펴보아야 한다. 이것은 혁명가의 자질 중에서 가장 중요한 것이다. 라고 그는 말했다.

그가 남긴 유명한 말이 있다. '우리 모두 리얼리스트가 되자. 그리고 가슴속에 불가능한 꿈을 간직하자. 그는 말했다. **"진정한 혁명가는 사랑이라는 위대한 감성에 의해 인도된다."**(p547)

그는 1951년, 그는 친구 알베르토와 함께 남아메리카로 여행했다. 그 여행은 생애에 많은 의미가 있었다. 병들고 가난에 찌든 인디오 원주민들을 접하게 된 횡단 여행은 가난에 착취당하는 남미 사람들의 문제를 고뇌하게 되고 그 영혼에 혁명가의 기질을 깨우는 계기가 되었다.

하인의 시중을 당연하게 생각하는 상류사회에 대한 비판과 의료행위를 장사로 이익을 보려 하는 행위는 폐지되어야 한다고 주장했다. 주머니를 채울 것을 찾아 머리만 굴리는 사람들에게 비교와 비판을 했다. 그의 사상은 자연스럽게 혁명가로서 살아갈 수밖에 없는 상황을 만들었다. 그는 중남미를 주로 여행했고, 볼리비아, 페루, 에콰도르, 파나마, 코스타리카, 니카라과, 온두라스, 엘살바도르를 거쳐 과테말라에 들어갔다. 그는 여행 중 추키카마타 광산에서 위대한 조상들의 태양 사원과 새로운 정복자들이 만들어 놓은 지옥을 동시에 보게 되었고 그의 가슴에 뜨거운 불씨로 남게 되었다. 그는 잉카의 전설과 아픔을 보았다. 아파체타는 우리의 서낭당의 개념과 비슷한 개념의 토속신앙인 것 같았다. 그 돌무덤에 꽂힌 십자가를 보며 그는 사제의 기만적인 수법을 보았다.

인간의 행위로 신을 논할 수 없다. 그러나 인간의 종교의식은 신과는 무관하게 정복자의 도구가 되는 것도 사실이었다. 인디오들이 한때 위대한 문명을 이루었다는 의식을 망각하게 하고 그 자손들에게 알코올과 콜라에 맛을 들이고 복종에 익숙하게 만드는 데는 얼마 걸리지 않았다.

길들이는 것은 자신을 잃는 것이 아닌가. 인디오는 그렇게 자신을 잃어버린 잔해였다. 그 체념은 10여 년을 땅을 개간하고 그 땅을 빼앗기는 것을 반복한 농부의 운명적인 체념과 닿아있다. 이런 것을 보고 느낀 체는 **"반동적인 폭력에는 혁명의 힘으로 맞서는 수밖에 없다."**라는 결론을 내리게 되었을 것이다. 그의 긴 전투 속에 잘 나타내는 부분은 나병 환자를 치료하는 장면이다. 죽음에 이르는 나병 환자를 맨손으로 잡아 진찰하고 그를 수술한 것은 감동적인 장면이었다. 어떤 사람은 체 게바라가 예수님을 닮았다고 했다. 그의 사진을 보면 비슷한 것 같기도 하다. 그는 20대 초반까지 부에노스아이레스에서 의학을 공부한 엘리트였다. 하지만 두 번에 걸친 남미 여행을 통해 가난한 민중들의 삶을 지켜본 게바라는 빈곤 문제를 해결하는 길은 혁명밖에 없다는 생각을 가지게 되었다.

## 그의 상황

체 게바라는 아르헨티나에서 출생했지만, 그의 생애에서 쿠바를 빼놓을 수 없다. 쿠바는 그의 조국은 아니었지만, 그가 간절하게 사랑하는 나라였다. 그의 삶에서 피델 카스트로와의 만남은 인생의 전환점이라고 할 수 있다. 그가 활동했던 지역은 라틴아메리카나 유럽이다.

아르헨티나의 의학도였던 체 게바라는 남미 여행을 통해 인간의 질병을 치료하는 것보다 세계의 모순을 먼저 치료하는 것이 더 본질적인 인류 구원의 문제라 판단하고 쿠바, 콩고, 볼리비아, 등지에서 억압받는 민중을 구하려는 마음에 혁명 투사가 되어 파란의 삶을 살다 갔다.

그의 의지는 의사는 몇 사람의 건강을 지켜줄 수 있지만, 정권을 평화롭게 하면 많은 국민과 나라를 안전하게 할 수 있다는 생각에서 시작됐다. 그 말은 편안함이 보장된 의사의 삶도 포기하고 혁명을 외치는 게릴라로 살아가는 이유가 되었다.

그가 세상을 이기적이고 약삭빠르게 살았다면 어땠을까? 가족들에게 부귀영화를 주고 본인에게는 높은 자리에서 권력을 누리며 호화스러운 생활도 할 수 있었을 텐데, 그는 우직하고 순박한 영혼에 혁명을 가슴에 새긴 젊은이였고 라틴아메리카의 돈키호테였다.

그는 피델 카스트로와 만나 쿠바의 바티스타 정권을 무너뜨려 제국주의를 몰아내고 라틴아메리카를 하나로 통

합하려는 꿈을 가지고 있었다. 그러나 그는 쿠바에서는 혁명에 성공했으나 성공하고 나서보니 바티스타와 개혁에 대한 목적이 너무나 다르다는 것을 느끼고 실망했다. 다시 볼리비아 밀림으로 들어가서 혁명을 주도하려고 했다. 그러나 그는 볼리비아 정부군에 잡혀 총살당했다. 라틴아메리카에서 제국주의의 착취에 맞서 투쟁했던 혁명가의 꿈은 좌절되었다. 볼리비아의 이름 없는 작은 촌락 라이게라에서 세상을 등졌다. 국가 간의 정쟁으로 39세의 영혼이 맑은 청년의 죽음에 나는 절망의 슬픔을 느꼈다.

## 자본주의 상품이 된 얼굴

그는 죽었지만, 그의 생각, 업적, 모습은 판매상품으로 다시 살아났다.

예수님은 사흘 만에 부활했지만, 그는 30년 만에 다시 살아난 것이다. 그의 모습은 새 시대에 아이콘으로 떠오르고 남미에서는 그 이름에 성聖을 붙이는데 망설이지 않는다고 한다. 그의 이름은 사후에 더욱 널리 알려졌다. 할리우드에서 세 번씩이나 영화화되었으며 그의 사진은 다방면에 상품화가 되었다. 체와 전혀 상관없는 오스트리아의 스키회사 피셔에서는 "스키의 혁명"이란 문구로 체의 얼굴을 광고 상품으로 썼고, 술은 입에 대지도 않았던 체의 이름이 붙은 술도 시판하고 있다. 스노보드 바닥에도 그의 베레모 쓴 얼굴이 있고 축구공이나 속옷에서도 그의 모습을 볼 수 있었다. 상업적으로 그의 사상과 얼굴은 마구 쓰였다. 쿠바에 가면 관광 상품으로 체 게바라의 얼굴이 찍히지 않은 게 없다. 열쇠고리부터 커피잔, 티셔츠이며 머플러까지 그의 얼굴은 쿠바의 상징으로 상품화되어 있다. 21세기의 미국의 젊은이들도 그의 얼굴이 들어간 셔츠를 입고 거리를 활보한다.

사람들은 자신의 꿈을 위해 죽은 체 게바라를 다시 별로 띄우고 영웅이 없는 시대에 대한 그리움을 채워줄 아이콘으로 만들고 있다.

한동안은 우리나라도 공산주의 사상이라고 반공으로 조심스러운 책이었다. 이 시대에 다시 읽어 보니 자기 나라의 독립도 아닌 세계여행하다 만난 다른 나라 독립을 위해 그 나라 민중들의 자유를 위해 스스로 게릴라가 된 사람이다.

의사란 직업이 있는데도 민중의 행복과 자유를 찾게 해주는 게 건강을 돌보는 것보다 시급하다고 느끼고 게릴라로 죽을 만큼 고생하며 투쟁하다 볼리비아 밀림에서 죽게 되었다. 결과적으로 쿠바를 독재에서 독립시키고 그 후에도 볼리비아로 가서 게릴라 활동하다 짧은 생의 날개를 접었으나, 그의 행적과 역사는 오늘날에도 곳곳이 남아있다. 그는 낭만주의자였고 시인이고 꿈꾸는 혁명가였다.

쿠바 대통령 이름은 몰라도 '체 게바라'라는 이름은 세계적으로 역사적으로 유명한 이름으로 남아있다.

## 그 당시 쿠바의 상황

사회주의가 무너진 지가 언제인데 무장투쟁 한다고 밀림으로 들어간 게릴라 지도자의 얘기가 우리 시대에 무슨 울림을 주겠냐고 하는 사람도 있다.

누추할 대로 누추해진 모습으로 살아가는 이 시대, 지극히 완벽하고 치열하게 살다 간 한 인간의 드라마 같은 삶의 이야기는 현재에 안주하며 살아가는 우리에게 폭풍 같은 충격을 던졌다.

볼리비아 산중 밀림 속에서 적군에 아부하는 농부와 부하들의 배반으로 죽음을 맞이하지만 죽음 앞에서도 그는 당당했다. 옛 동지인 쿠바 대통령 카스트로는 점점 자기주장으로 고집을 부리는 체 게바라의 행동이 부담되었다. 그가 총살로 죽을 때도 외면했다. 결국 미국 KGB나 CIA는 그를 총살로 죽게 했다. 쿠바를 대표해서 해외로 나가 사회주의를 펼쳤지만, 미국이나 다른 나라는 그의 소신을 부담스러웠다.

쿠바혁명 정신은 스페인과의 독립이었고 호세 마르텐 정신을 계승했다. 그러나 독재는 계속되어 체 게바라는 1959년 1월 1일 풀 헨시오 바티스타를 몰아내고 독재정권을 전복시키고 쿠바는 공산국가가 되었다. 미국은 쿠바가 독립하면서 공산국가가 된 것에 분노했다. 소련과의 수교로 미국과 등을 지고 미국은 금수 조치로(엠바고 조치로 경제제재) 미국인인 헤밍웨이도 쿠바에서 추방했다. 쿠바는 미국과 외교도 단절된 상태가 되었다.

소련은 쿠바에 핵시설을 설치하고 미국은 본토가 핵시설의 사정권 안에 드는 쿠바의 핵을 눈엣가시처럼 제거하려 했다. 핵시설 제거를 이유로 미국이 쿠바를 경제적으로 압박했고 결국 소련이 쿠바의 동의 없이 쿠바에서 핵을 제거했다. 쿠바 미사일 위기는 미국의 u-2 정찰기가 쿠바에 설치된 소련의 탄도미사일을 발견하면서 시작되었다. 알래스카를 제외한 미국 영토 전역이 미사일 사정권 안에 들어가서 미국은 참을 수 없는 상황이 되었다. 핵전쟁의 위기를 발생시켰다. 1962년 10월 16일부터 28일까지 미국과 소련이 쿠바 미사일 건설로 인해 대립했고 아찔한 군사적 위기도 있었다.


**예수를 닮은 라틴아메리카의 돈키호테**

1928년 아르헨티나 로사리오의 한 중류 가정에서 태어난 체 게바라(애르네스토 게바라데 라 세르나)는 그가 2살 때부터 발병한 천식으로 평생 괴롭힘을 받는 병약한 소년이었다. 그런 악조건 속에서 책을 놓지 않는 독서광이었고 럭비선수가 될 정도로 운동에도 열심이었다. 체력의 한계를 극복하기 위해 노력했고 그의 부모는 자신들의 집을 개방해 민중의 집으로 만들어 굶주린 친구들이나 광부의 아이들, 호텔 노동자의 아이들에게 항상 개방된 집을 제공했다. 그런 풍족한 어린 시절을 보내면서도 부르주아지의 아들로서 안락한 생활에 빠져들지 않았다.

그는 자립을 원했고 도서관 사서나 펌프 담당 선원으로 일하기도 했다. 혹은 구두를 팔거나 의무 요원으로 해상 상인들의 배에서 노동했다. 그것은 그의 영혼에 새겨진 혁명가의 자질이 있었기 때문이리라.

그는 스물다섯 살의 생일을 앞두고(1953) 의학박사 학위를 받았다. 그리고 두 번째 여행을 떠났다. 1953년 과테말라로 갔다. 과테말라는 당시 하코보 아르벤스 대통령이 개혁을 시도하고 있었다. 과테말라 정부의 개혁 방향이 마음에 들었던 게바라는 그곳에서 진정한 혁명가의 길을 모색했다. 그러나 미국 CIA의 사주를 받은 카스티요 아르마 대령에 의해 과테말라 정부는 전복되었다. 그때의 상황을 체는 **'선한 얼굴의 가면을 쓴 양키들이 마침내 그 가면을 벗었다고 말했다'** 어떤 정부도 미국의 지지를 받지 못하면 존립이 어렵다는 것을 알게 되었다. 과테말라의 진보정당이 미국이 지원한 쿠데타에 의해 무너지는 것을 보고 미국이 진보적 정부를 반대한다는 확신하게 되었다. 이후 멕시코로 간 게바라는 1956년 7월 카스트로 형제를 만나면서 구체적인 쿠바혁명 계획을 세우게 된다. 그해 11월 쿠바에 상륙하여 시에라마애스트라 산맥을 중심으로 게릴라 활동을 벌이며 혁명군을 모았다.

1952년 7월 26일~59년 1월1일까지 카델 카스트, 체 게바라, 라울 카스트로, 등 공산주의 혁명가들이 두 차례에 걸친 무장투쟁을 벌여 풀 헨시오 바티스타를 몰아내고 정권을 잡는 혁명을 하였다. 인민들을 억압하고 부패가 심했던 독재정권을 전복하고 쿠바는 마침내 공산국가가 되었다.

그 뒤 게바라는 쿠바 정부에서 국립은행 총재, 공업 장관 등을 역임했고, 공산권과 제3세계를 돌며 모든 종류의 제국주의, 식민지주의에 반대하는 외교활동을 벌였다. 이때부터 검은 베레모와 구겨진 군복은 그의 트레이드마크가 되었다. 세계 여러 나라를 다니면서도 베레모와 군복과 군화로 자신을 나타냈다. 혁명 후 체는 대사, 국립은행 총재 등 많은 역할을 했으나 미국의 피그만 침공 사건과 미사일 사태 등을 겪는다.

그런 과정에서 스스로 행정가로서의 실책을 인정하지 않을 수 없게 된다. 혁명을 마치고 그가 빠진 곳은 자본주의가 뿌려놓은 경제시스템의 늪이었다 그가 생각한 공산주의는 허구라는 것을 그는 절실하게 느꼈을 것이다….

농업을 희생시키면서 지나치게 공업화를 추진한 것이

잘못이었음을 인정하고 사탕수수 산업을 발전시키지 못한 것을 인정했다. **혁명가가 뛰어난 통치자가 될 수는 없다는 것을 자인했다.** 이상과 현실 사이에서 고뇌했을 체의 번민이 느껴졌다. 그는 꿈꾸는 사회주의자였다. 세계를 해방으로 이끌려는 의지는 체를 점점 유토피아의 세계로 깊이 밀어 넣었다.

그는 1965년 4월 쿠바에서의 2인 자 자리를 버리고 당시 내전 중이던 아프리카 콩고로 가 콩고혁명을 위해 노력했다. 1년 뒤 게바라는 볼리비아로 숨어 들어갔다. 볼리비아는 남미 5개국과 접경을 이루는 요충지로서 이곳에서의 활동이 혁명의 불씨를 전 남미로 확산시킬 수 있을 것이라는 판단 때문이었다.

쿠바 국립은행 총재 당시 사탕수수밭에서 노동하던 모습으로 민중에게 강한 인상을 심었던 그가 선택한 삶은 아프리카나 남미에서 목숨을 건 게릴라 활동을 선택했다. 그는 어려운 민중들을 혁명으로 자유로운 나라로 만들 수 있다고 믿었으나 공산주의를 앞세운 혁명의 지도자는 그의 헌신적인 사상을 이용하기만 했고 끝내는 그를 배신하여 죽게 했다.


그는 두 번 결혼했고 두 아내가 모두 게릴라였다. 결혼관은 청교도적으로 남성 위주의 정신이었다. 큰딸(일디타)

은 첫째 부인에게서 얻은 딸인데 무척 사랑했다. 딸이 더 좋은 세상에서 살게 하려고 세상을 위해 싸웠다고 그는 말했다. 게릴라 전투 중에도 끊임없이 딸과 부인에게 편지로 소통하고 혁명가의 의지를 보여주었다. 척박한 산악 지역에서 천식으로 고생하면서도 천식을 극복하며 밀림 속에서 독극물에 물리며 죽음을 불사하고 투쟁하는 모습이 눈물겨웠다. 격전지에서도 책을 탐독하고 시를 사랑했다. 전투 중에도 사람을 사랑하고 인술을 펼치는 그가 성인처럼 느껴졌다.

모세는 성경에 나오는 인물 중 유일하게 권력을 포기한 사람이나 체 게바라도 역시 권력을 포기한 사람이었다. 쿠바혁명을 성공적으로 이끈 공으로 좋은 삶을 보장받았으나 마다하고 볼리비아로 떠나 게릴라전을 펼쳤다. 1967년 10월 9일 볼리비아 체코 마을에서 잡혀 미국 정부에 의해 사살되었다.

**이 책은 역사서도 정치적 저작물도 아닌 제2의 조국이랄 수 있는 쿠바의 혁명 중 체 게바라의 게릴라 전술을 논했고, 경제정책, 외교정책을 다룬 책이다.** 그러나 소설처럼 읽히고 아름다운 논픽션을 읽는 것 같았다. 게바라는 소설과 같은 극적인 삶을 살았다. 그는 자신의 꿈을 실현하기 위해 다른 사람의 힘을 빌리려고 하지 않았다. 스스

로 실현해 갔다. 정부군이 1만 2천 명인데 반군은 881명
~5,700명으로 불리한 싸움이었으나 반군인 체 게바라가
혁명에 성공한 것이다. 그의 의지는 그만큼 투철했다.

## 마무리

이 책을 읽고 인간의 혁명적인 소신이 죽음을 불사할 수
도 있다는 것과 동지로서 한마음이 되어 혁명을 시작했지
만, 혁명을 이룬 후, 권력 앞에서는 처음 먹었던 마음이 흐
려져 배신할 수 있다는 걸 알았다.

끝까지 권력에 목적을 두지 않고 서민들의 삶을 평화롭
게 하려고 깊은 산속과 늪지에서, 죽음의 공포 속에서도
굴하지 않는 체 게바라의 39세의 짧은 일생은 놀라울 만
치 많은 업적이 있었다.

가난에 찌든 민중의 아우성을 두 번의 남미 여행에서 눈
으로 확인한 뒤 "인간의 질병을 고치는 것 보다 세계의 모
순을 치유하는 게 우선"이라고 생각했다.

그 이유로 혁명가의 인생이 시작되었다. 작가, 시인, 군
대 지휘관, 대사, 재무장관, 쿠바 국립은행 총재. 게릴라
전술의 저술가다. 39년이라는 생애를 살며 꿈을 이뤄낸
사람이다.

책을 읽으며 애국지사들의 독립운동을 생각한다. 3.1운
동, 동학운동, 4·19혁명과 5·16 쿠데타 등 독재정권에 타

도를 위해 희생된 선구자들이 떠올랐다. 이런 사람들의 희생과 눈물이 있었기에 우리가 더 나은 세상에서 살 수 있게 된 것이다. 이 책을 읽으며 그의 정신과 열정, 자신의 안일보다는 민중을 위해 자유를 지키려는 그의 의지에 가슴이 뜨거워졌다.

2025
# 한 결 문 학

---

초판인쇄 | 2025년 11월 25일
초판발행 | 2025년 12월 01일

발 행 인 | 정동진
편    집 | 최대락, 이창원, 이 승
디 자 인 | 허여경

한결동인회 카페 http://cafe.naver.com/hg2017

펴 낸 곳 | 신아출판사
주    소 | 서울시 종로구 삼일대로 32길 36(운현신화타워) 305호
전    화 | (02) 3675-5635, (063) 275-4000
E-mail | sina321@hanmail.net
출판등록 | 제465-1984-000004호

ISBN   979-11-24068-23-6  (03810)
정가 : 15,000원